陕西省第二批"三秦学者"岗位专项资助

地方财政纾压对财政透明度的影响研究

冯力沛 著

The Study on Impact of
Relief of Local Fiscal Pressure
on Fiscal Transparency

中国社会科学出版社

图书在版编目（CIP）数据

地方财政纾压对财政透明度的影响研究/冯力沛著. —北京：中国社会科学出版社，2023.8
ISBN 978-7-5227-2545-1

Ⅰ.①地⋯　Ⅱ.①冯⋯　Ⅲ.①地方财政—风险管理—研究—中国　Ⅳ.①F812.7

中国国家版本馆 CIP 数据核字（2023）第 165959 号

出 版 人	赵剑英
责任编辑	任睿明　刘晓红
责任校对	周晓东
责任印制	戴　宽

出　　版	中国社会科学出版社
社　　址	北京鼓楼西大街甲 158 号
邮　　编	100720
网　　址	http://www.csspw.cn
发 行 部	010-84083685
门 市 部	010-84029450
经　　销	新华书店及其他书店
印　　刷	北京君升印刷有限公司
装　　订	廊坊市广阳区广增装订厂
版　　次	2023 年 8 月第 1 版
印　　次	2023 年 8 月第 1 次印刷
开　　本	710×1000　1/16
印　　张	12.5
插　　页	2
字　　数	177 千字
定　　价	69.00 元

凡购买中国社会科学出版社图书，如有质量问题请与本社营销中心联系调换
电话：010-84083683
版权所有　侵权必究

前　　言

近些年，受宏观经济形势、疫情等因素的影响，我国经济增长的下行压力增大。据统计，2016—2020 年我国经济增长率基本维持在 6% 以上，这与此前 8% 以上的高速增长相比显然有些"相形见绌"。与经济增长下降息息相关的是财政压力的不断增大，特别是对地方政府而言，要保障自身在基本公共服务、教育、医疗卫生、交通运输、科技等方面支出责任的落实，所受财政压力更显突出。虽然为应对地方财政压力，保障地方财政的平稳运行，中央加大了对地方的转移支付力度，但这些转移支付资金对缓解地方财政压力始终是有限的。在扭转宏观经济形势和消除疫情都存在较大困难的背景下，唯有借助财政资金使用效率的提升来缓解地方财政压力。要提升财政资金的使用效率，离不开财政透明的实施。通过实施财政透明，可以将财政资金的使用置于更广泛的监督之下，减少财政资金的浪费，保障公共产品或服务的供给。然而，提升财政透明绝非一件易事。政府部门出于保护部门利益的需要会选择不公开财政信息，或者公开一些不重要的财政信息。这样一来，在财政透明实施的过程中就会出现一种特别的现象。在某些辖域内，一些本应在理论上与高质量社会经济发展存在正向关系的财政透明度却比较低，或者是相反情况，这就导致财政透明的功能定位出现不清，也就让人不禁提出疑问——是什么因素主导了这种状况的出现？虽然现有文献从公众受教育程度、经济发展水平和外商投资等角度论证了影响财政透明度的因素，但就财政压力影响财政透明度的详尽探讨却并不多见。作为财政信息存在的基础，财政收支形成的压力状况势必会对财政透明度产生重要影响。基于此,在地方财政压力日渐凸显的背景下,本书将通过数据的广泛收集论证省、地级市和县区三个层级的财政纾压对财政透明度的影响,以期能为财政透明制度构建和地方财政体制改革提供可参考的依据。

本书的创新之处在于：①利用数理模型论证了地方财政纾压对财政透明度的影响,并指出这种影响是对财政透明制度约束弱化的反映。具体而言,当地方财政纾压对财政透明度具有正向影响时,这种正向影响意味着财政透明制度的约束存在弱化的可能；反之亦然。②将地方财政纾压影响财政透明度的论证下移到县级层面。现有针对财政透明的研究主要集中在省和地级市,这在为我们提供可借鉴研究的同时,也引发了我们对县级财政信息公开的思考。县级政府作为基层政府,在公共产品或服务的供给上扮演着重要的角色。若能明晰财政透明在县级财政资金活动中的状况,将有助于保障公共产品或服务的有效供给。③以信息外溢性为导引,将研究视角扩展到空间。从某种程度上讲,财政信息属于公共产品,也具有使用的非竞争性和非排他性,所以产生外溢性是必然的。在地方政府竞争存在的背景下,为了吸引资本、技术和人才等生产要素的流入,保障辖域治理权利益的最大化,地方政府会在投资环境、法律制度和政府效率等方面展开竞争。财政资金活动作为政府效率的组成部分,自然也会在地方政府竞争的范畴内对其他辖区产生影响。这样,我们认为财政透明制度的约束弱化也存在空间溢出性。

自进入西安财经大学工作以来已有七年多的时间,在此期间,一直都围绕着财政透明这个主题展开科研,成绩不多,但每一项都是自己经过深思熟虑后形成的成果,于己而言都倍感珍贵,这本拙作也是如此。虽然题目设定较为简单,但在严谨务实的科研精神导向下始终冀望求得突破,以此为财政透明制度构建和地方财政体制改革提供可参考依据。在本书撰写的过程中,我要感谢我的家人。无论工作中遇到什么难题,总会在家人的关心中化解一切烦恼。同时,我也要感谢西安财经大学资源环境与区域经济研究中心。在中心工作的过程中,良好的工作环境和科研氛围都是我完成写作的重要保障。当然,在感谢名单中,不能缺少"陕西省第二批'三秦学者'岗位专项资助"的名字。自加入团队以来,在马蔡琛教授的领导下,总是会得到学科研究的前沿内容和科研鞭策,让自己始终不忘学习初心,不断提升科研能力。行笔至此,只想说这些感谢必将会化成我以后加倍努力工作的动力。而关于拙作因数据收集存在难度而造成的指标替代争议,也冀望能与读者联系予以探讨、解决,作者邮箱是 xiaopei-lp@163.com。

西安财经大学资源环境与区域经济研究中心　冯力沛
2022 年 11 月

摘　　要

　　进入到21世纪，全球化进程不断加快，国家间的联系日益紧密，这在为各国依托禀赋优势实现发展的同时，也带来了一个难以回避的问题——危机的"蝴蝶效应"。2008年的美国爆发次贷危机对其他经济体的发展产生严重影响；2020年伊始确诊的"新冠病毒"，虽被相关研究证实其出现的时间更早，且其出现的地区也与武汉并不存在人员的往来，但因为全球化的不断发展，这一病毒的根治绝非朝夕之事。面对全球化浪潮，任何一个国家都需要提升危机处理能力，这也就对国家治理提出了要求。国家治理是一种区别于统治或管理的处理公共事务的理念，强调的是参与公共事务的各个主体能在共识机制的运作下有效协调彼此的行为，从而实现社会的善治。换言之，国家治理的核心就是要实现以政府为主导的社会成员关系的协调运行，即妥善处理好政府与市场的关系。而在这一过程中，构建现代财税体制是不可或缺的环节。通过建立现代财税体制，政府可以更好地发挥财政职能，在资源配置、宏观调控和促进社会公平等方面发挥基础的功能，为供给侧结构性改革和形成以国内大循环为主体、国内国际双循环相互促进的新发展格局提供有力支撑。然而，构建现代财税体制构建是一项系统工程，涉及预算制度、财政体制和税收制度等多个领域，这也使对其进行的阐述具有显著的难度。但若秉持"弱水三千，只取一瓢"的研究理念，从财政透明的角度出发探讨现代财税体制的构建也未为不可。良好的财政透明不仅有助于理顺中央和地方的事权、支出责任关系，还会有助于发挥财政稳定经济、配置资源、调节分配等职能，甚至在实现运行高效、有效制衡的制度安排上也会有所作为。自2008年颁布《中华人民共和国政府信息公开条例》开始，财政透明在我国取得了显著的进展。然而，提升财政透明绝非一件易事。政府部门出于维护部门利益的需要会选择性公开财政信息是一个不争的事实。况且，在财政透明实施的过程中还出现一种特别的现象。在某些辖域，一些本应在理论上与高质量社会经济发展存在正向关系的财政透明度却比较低，或者是相反情况，这导致对财政透明功能的定位不清，也就让人不禁提出疑问——是什么因素主导了这种状况的出现？虽然现有文献从公众受教育程度、经济发展水平和外商投资等角度论证了影响财政透明度的因素，但就财政压力影响财政透明度的详尽探讨却并不多见。作为财政信息存在的基础，财政收支形成的压力状况势必会对财政透明度产生重要影响。基于此，本书将广泛收集数据展开论证，以期能为财政透明制度构建、地方财政体制改革提供可参考的依据。

关键词：财政纾压；财政透明；地方政府

Abstract

In 21st century, the process of globalization is accelerating and the ties between countries are increasingly close, which has brought an inevitable problem-the "butterfly effect" of the crisis while enabling countries to rely on their endowment advantages to achieve development. The subprime crisis in the United States in 2008 had a serious impact on the development of other economies; Although the outbreak of COVID-19 at the beginning of 2020 has been confirmed to appear earlier by relevant research, and the region where it appears does not have personnel exchanges with Wuhan, because of the continuous development of globalization, the eradication of this virus is by no means an immediate thing. In the face of globalization, any country needs to improve its crisis handling capacity, which also puts forward requirements for national governance. National governance is a concept of dealing with public affairs that is different from governance or management. It emphasizes that all subjects involved in public affairs can effectively coordinate their actions under the operation of the consensus mechanism, so as to achieve good governance of society. In other words, the core of national governance is to realize the coordinated operation of the relationship between social members led by the government, that is, properly handle the relationship between the government and the market. In this process, building a modern fiscal and tax system is an indispensable link. Through the establishment of a modern fiscal and taxation system, the government can better play its fiscal functions, play a basic role in resource allocation, macro-control and promoting social equity, and provide strong support for the supply side structural reform and the formation of a new development pattern with the domestic big cycle as the main body and the domestic and international double cycles promoting each other. However, building a modern fiscal and tax system is a systematic project, involving budget system, fiscal system, tax system and other fields, which also makes it difficult to elaborate on it. However, we can also discuss the construction of modern fiscal and taxation system from the perspective of fiscal transparency. Good fiscal transparency not only helps to straighten out the relationship of expenditure responsibilities between central and local authorities, but also helps to give play to fiscal functions such as economic stability, resource allocation, adjustment and distribution, and even to achieve efficient and effective institutional arrangements for checks and balances. Since the promulgation of the Regulations of the People's Republic of China on the Disclosure of Government Information in 2008, fiscal transparency has made remarkable progress in China. However, it is not easy to improve fiscal transparency. It is an indisputable fact that government departments will selectively disclose fiscal information to safeguard their interests. Moreover, there is a special phenomenon in the process of implementing fiscal transparency. In some jurisdictions, some fiscal transparency that should theoretically have a positive relationship with high-quality social and economic development is relatively low, or the opposite. This leads to unclear positioning of the function of fiscal transparency, which makes people wonder - what factors dominate this situation? Although the existing literature demonstrates the factors affecting fiscal transparency from the perspectives of public education, economic development and foreign investment, there are few detailed discussions on the impact of fiscal pressure on fiscal transparency. As the basis for the existence of fiscal information, the pressure caused by the gap between fiscal revenue and expenditure is bound to have an important impact on fiscal transparency. Based on this, this paper will widely collect data to demonstrate, in order to provide a reference basis for the construction of fiscal transparency system and the reform of local fiscal system.

Key words: Relief of Fiscal Pressure; Fiscal Transparency; Local Government

目　录

第一章　绪论 ································· 1

　第一节　选题背景与研究意义 ····················· 1
　第二节　研究方法 ······························· 9
　第三节　本书结构与逻辑体系 ····················· 10
　第四节　本书的主要创新与局限 ··················· 12

第二章　文献综述 ····························· 16

　第一节　关于财政透明的衡量 ····················· 16
　第二节　关于财政透明度的影响因素 ··············· 19
　第三节　关于财政透明的社会经济效应 ············· 21
　第四节　文献述评 ······························· 34

第三章　理论基础与数理分析 ··················· 36

　第一节　市场失灵与财政信息公开 ················· 37
　第二节　契约精神与财政信息公开 ················· 41
　第三节　公共财政与财政信息公开 ················· 43
　第四节　公共选择与财政信息公开 ················· 44
　第五节　财政透明"度"的理论阐述 ················ 45
　第六节　数理模型分析 ··························· 47

— 1 —

第四章　地方财政透明的概况 …………………………………… 52

　　第一节　省级财政透明度的概况 ……………………………… 53
　　第二节　市级财政透明度的概况 ……………………………… 63
　　第三节　县级财政透明度的概况
　　　　　　——以陕西省为例 ………………………………… 70

第五章　财政收入课征基础信息量的现实替代 ………………… 75

　　第一节　省级财政纾压及其比率的概况 ……………………… 77
　　第二节　市级财政纾压及其比率的概况 ……………………… 88
　　第三节　县级财政纾压及其比率的概况
　　　　　　——以陕西省为例 ………………………………… 94

第六章　财政纾压影响财政透明度的刍议 ……………………… 99

　　第一节　省级财政纾压对财政透明度的影响论证 …………… 99
　　第二节　市级财政纾压对财政透明度的影响辨析 …………… 112
　　第三节　县级财政纾压对财政透明度的影响初探 …………… 117

第七章　财政纾压影响财政透明度的空间探讨 ………………… 121

　　第一节　财政纾压影响财政透明度的空间数理模型 ……… 124
　　第二节　财政纾压影响财政透明度的省级空间检验 ……… 126
　　第三节　财政纾压影响财政透明度的市级空间检验 ……… 131

第八章　构建财政透明制度的建议 ……………………………… 136

附录 ……………………………………………………………… 142

参考文献 ………………………………………………………… 178

第一章

绪 论

第一节 选题背景与研究意义

一 选题背景

进入21世纪,全球化进程不断加快,国家间的联系日益紧密,这在为各国依托禀赋优势实现发展的同时,也带来了一个难以回避的问题——危机的"蝴蝶效应"。2007年,美国爆发次贷危机。这场危机不仅给美国经济造成冲击,更仰仗美元在全球交易中的重要地位使其他经济体的发展受到严重影响。在特朗普当政期间,为兑现"美国利益优先"的上位承诺,其大力推行税收改革。这次税改以"减税"为主轴,在企业所得税、个人所得税和跨境税制等方面进行了调整,以期借助更简化的税制重振美国制造业的全球竞争力。而正是囿于经济全球化发展的不可逆性,英国、法国和日本等主要经济体也纷纷展开减税竞争,甚至我国亦强力实施"减税降费"政策。除可以从经济层面上洞悉危机的"蝴蝶效应"存在外,还可以借由卫生安全来印证。新冠疫情的肆虐给各国经济体系带来了巨大的冲击,直接导致国际贸易下降、金融市场动荡以及经济增长放缓。至此,在全球化的浪潮中,面对各类危机,任何一个国家很难实现独善其身,这也就对国家治理提出了要求。

作为一种区别于统治或管理的处理公共事务的理念，治理强调的是参与公共事务的各个主体能在共识机制的运作下有效协调彼此的行为，从而实现社会的善治。换言之，治理虽然是一个以追求社会效用最大化为目标的行为过程，但在这个行为过程中，各参与主体的目标存在差异是一种现实，这就使他们之间的关系成为一个不容忽视的问题。若不能构建有效的共识机制予以协调，将无助于社会效用最大化目标的实现。这也就表示各参与主体的地位将决定治理的方式、手段等特性。借此，国家治理的核心要义也就不言自明。国家治理主张政府应在公共事务中居于主导地位，借助政府在政治、经济、文化和社会等方面具有的制度建设优势，保障社会效用最大化的目标实现。再次以化解危机为例，我们可以将其视为一种特殊的公共产品或公共服务。若将其付诸市场解决，那么这可能会加重危机对社会生活的破坏。而由国家实施的治理则可以从全局出发，协调各市场主体间的关系，弥补市场失灵造成的后果。因此，国家治理成为现代社会发展的必然要求和重要内容。不过，这也并不是就此认定国家治理就具有"放之四海而皆准"的功效。由于治理的本质是要理顺各参与主体间的关系，所以国家治理的核心也是要实现以政府为主导的社会成员关系的协调运行，即妥善处理好政府与市场的关系。

政府与市场的关系是社会发展中一个亘古不变的话题。在古典经济学的论述中，市场是实现资源配置的决定性力量，政府只是"守夜人"的角色。若能将二者进行有机的结合，发挥各自的优势，做到相辅相成，那么社会经济将实现高效、公平和可持续的发展。然则，在现实运行中，政府与市场的职责边界并没有得到清晰的界定，市场优先原则总是会受到一定程度的限制，所以厘清政府与市场的关系也就成为国家治理的基本原则和主要任务。而要遵循这种原则，实现目标任务，自然需要相应的财力作为保障，构建现代财税体制也就具有了迫切性。作为现代经济体系的重要组成部分，现代财税体制在国家治理中具有基础性和制度性的地位。

第一章 绪论

通过建立现代财税体制，政府可以更好地发挥财政职能，在资源配置、宏观调控和促进社会公平等方面起到基础作用，为供给侧结构性改革和形成以国内大循环为主体、国内国际双循环相互促进的新发展格局提供有力支撑。然而，现代财税体制构建是一项系统工程，涉及预算制度、财政体制和税收制度等多个领域。从"十三五"规划的发展情况来看，我国的现代财税体制建设取得了显著成效，突出表现在精准扶贫和污染防治的实施。在精准扶贫中，我国始终将"三农"作为公共财政支出的优先项目。在不断加大对贫困地区的投入用于改善基础设施建设的同时，也充分吸引社会资本参与当地开发，激活地区产业优势，增加就业，实现资源优化配置。同时，积极建立健全财政转移支付制度，保障贫困人口的基本生活水平，践行共享的发展理念。可以说，正是由于现代财税体制的构建才能保证精准扶贫的成功实施，而现代财税体制具有的这种压舱石作用对于污染防治同样具有重要意义。在污染防治上，由于粗放型发展模式一度成为我国社会发展的主流模式，所以使生态环境污染问题往往积重难返，需要以壮士断腕的"勇气"予以解决，而能够拾得这种"勇气"的只能是政府。这是因为环境污染具有显著的负外部性，会导致市场失灵的出现，若寄望于市场自行解决，只会加重环境污染，所以需要一个置身于市场主体之外的强有力的力量介入，即为政府干预市场的缘由。政府可以利用财税体制协调地区间的利益关系，实现地区个体利益与区域整体利益的共赢，将环境污染降低到合意水平。因此，构建适宜的财税体制是治理环境污染的必然要求。

总结而言，财税体制冠以"现代"的优势在于财税体制的形成、内容、体系必然符合公众、政治组织和法律等多方的要求，且能够对社会劳动关系和生产力产生重大促进作用，所以现代财税体制的构建以合宜性为主要特征。而除合宜性外，机动性也是现代财税体制的重要特点，这意味着财税体制的构建应与现实状况的变化相契合。当前，我国已进入"十四五"规划的发展期，既要在取得

◇ 地方财政纾压对财政透明度的影响研究

脱贫攻坚胜利的基础上实施"乡村振兴"战略，又要为二〇三五年远景目标的实现蓄力，还要应对因疫情而出现的国际环境恶化，这些都要求加强现代财税体制的构建。具体而言，首先，要深化预算管理制度改革。在强化预算编制的同时，不断优化财政支出结构，以基本公共服务标准为指导，严格控制支出，实现财政资金的绩效管理。其次，理顺中央和地方的财政关系。权责不清、财力失衡始终是中央和地方财政关系的主要问题。就此，明晰各级政府的事权和支出责任、培育地方稳定的税源成为构建现代财税体制的重要内容。最后，完善现代税收制度。随着消费环境的换代升级，税制改革的诉求也日渐强烈。在税收制度的设计上，应进一步降低间接税比重，释放消费潜力。诚然，构建现代财税体制作为一项系统工程，其内容必然会不一而足，这也使对其进行的阐明具有显著的难度。但若秉持"弱水三千，只取一瓢"的研究理念，从财政透明的角度出发探讨现代财税体制的构建也未为不可，因为现代财税体制以公开透明为特征。

伴随着科学技术的不断进步，信息已然成为一种资源，开始主导社会经济的发展。虽然从"物为人用，方为良物"的角度来看，信息能提升公众的效用，但既为资源，自然也会因其有限性而产生配置问题。这在政府与公众的信息资源占用上显得尤为突出。相关数据显示，在全社会的信息资源总量中，政府信息资源的占比达到80%[①]。大量的信息掌握在政府手中意味着政府与公众之间存在显著的信息不对称，这会导致"寻租""腐败"等现象的发生，进而影响市场效率的达成。于是，如何妥善处理政府与公众之间的信息不对称成为社会各界关注的重点。良好的财政透明不仅有助于理顺中央和地方的事权、支出责任关系，还会有助于发挥财政稳定经济、配置资源、调节分配等职能，甚至在实现运行高效、有效制衡的制度安排上也会有所作为。由此不难看出，实施财政透明是在提

---

① 李传军：《电子政务》，复旦大学出版社2011年版，第8页。

第一章 绪论

升国家治理能力诉求下构建现代财税体制的逻辑必然。我国于2008年发布了《中华人民共和国政府信息公开条例》（以下简称《政府信息公开条例》）。虽然《政府信息公开条例》要求政府部门公开的财政信息较为有限，但能以行政法规的形式予以明确标志着财政透明受重视程度有所提高。2010年，为推动财政透明工作向前发展，财政部下发《关于进一步做好预算信息公开工作的指导意见》，要求政府部门应以《政府信息公开条例》为指导开展预算信息公开。2013年8月，财政部又在发布的《关于推进省以下预决算公开工作的通知》中规定，县级以上政府应在限定时间前开展财政信息公开工作，公开项目包括部门预决算、"三公经费"等信息。同年11月，党的十八届三中全会将"实施全面规范、公开透明的预算制度"作为重大决策进行部署。2014年，我国对《中华人民共和国预算法》（以下简称《预算法》）进行修订，以法律形式将政府部门公开信息的范围、时间和方式等予以明确。虽然其规定与公众对财政信息的需求仍存在差距，但其还是在财政透明的实施上迈出了坚实的一步。到2017年，党的十九大报告再次明确指出，要"建设全面规范透明、标准科学、约束有力的预算制度"。2022年，党的二十大报告在构建高水平社会主义市场经济体制的内容中又一次提及要健全现代预算制度。以这些目标为导向，我国不断推动财政透明的实施。而为了因应政府实施财政透明的作为，一些高校或科研机构对我国政府公开信息的情况进行了调查总结。

上海财经大学自2008年开始对我国大陆地区31个省份的政府信息公开情况进行了调查，并形成了系列性的财政透明度数据；清华大学则从2012年开始对我国市级政府的信息公开情况进行调查评估，也积累了完整的财政透明度数据。除此之外，普华永道[1]和国际预算合作组织[2]（IBP）也对我国财政透明状况进行了调查，并形

---

[1] 申亮：《我国财政透明度问题研究》，经济科学出版社2010年版，第4页。
[2] IBP, "Open Budget Survey Results", https://www.internationalbudget.org/open-budget-survey/country-results/2019/china.

成了一些数据。通过这些调查可以看出，无论是国内机构，还是国际社会，都对财政信息公开给予了足够的重视，这也表示财政透明已然成为不可逆转的趋势。

近些年，受宏观经济形势、疫情等因素的影响，我国经济增长的下行压力增大。据统计，2016—2020年我国经济增长率基本维持在6%以上，这与此前8%以上的高速增长相比显然有些"相形见绌"。与经济增长下降息息相关的是财政压力的不断增大，特别是对地方政府而言，要保障自身在基本公共服务、教育、医疗卫生、交通运输、科技等方面支出责任的落实，所受财力压力更显突出。根据相关数据显示，为应对地方财政压力，促进地方财政平稳运行，财政部于2022年6月前完成三批转移支付，共计1.2万亿元①。然而，这些转移支付资金对缓解地方财政压力始终是有限的。在扭转宏观经济形势和消除疫情都存在较大困难的背景下，唯有借助财政资金使用效率的提升来缓解地方财政压力。而要提升财政资金的使用效率，离不开财政透明的实施。通过实施财政透明，可以将财政资金的使用置于更广泛的监督之下，减少财政资金的浪费，保障公共产品或服务的供给。不过，提升财政透明绝非一件易事。政府部门出于保护部门利益的需要会选择不公开财政信息，或者公开一些不重要的财政信息。这样，在财政透明实施的过程中就会出现一种特别的现象。在某些辖域，一些本应在理论上与高质量社会经济发展存在正向关系的财政透明度却比较低，或者是相反情况，这就导致财政透明的功能定位出现不清，也就让人不禁提出疑问——是什么因素主导了这种状况的出现？虽然现有文献从公众受教育程度、经济发展水平和外商投资等角度论证了影响财政透明度的因素，但就财政压力影响财政透明度的详尽探讨却并不多见。作为财政信息存在的基础，财政收支形成的压力状况势必会对财政透

---

① 杜涛：《疫情、退税、卖地难，地方财政何以渡难关》，新浪财经网，http://finance.sina.com.cn/roll/2022-06-02/doc-imizirau6274395.shtml.

明度产生重要影响。基于此，在地方财政压力日渐凸显的背景下，本书将通过数据的广泛收集论证地方财政纾压对财政透明度的影响，以期能为财政透明制度构建和地方财政体制改革提供可参考的依据。

二 研究意义

作为现代财税体制的组成部分，财政透明的实施不仅有助于现代财税体制的构建，还有助于国家治理能力的提升，所以无论是从现实价值，还是从理论价值，抑或是从实践价值，都表明探讨地方财政纾压对财政透明度的影响具有重要意义。

首先，本书的研究是符合时代特点和形势要求的拓展性工作。党的十八届三中全会将财政定位为国家治理的基础和重要支柱，其地位在国家治理体系中是不言而喻的。借助税收、财政补贴、专项资金等方式的综合运用，财政可以发挥基础调控和引领撬动的功能，激发市场主体的创新活力，创造经济增长，为全面建成小康社会宏伟目标的实现保驾护航。然则，在财政发挥功能的过程中，囿于政府部门与公众之间信息不对称的存在，使财政功能的发挥并不尽如人意。政府部门对公共信息具有天然的主导优势，而公众则处于信息获取的相对弱势地位。在这种状况下，若不对政府部门使用公共权利的行为予以监督，将会增加腐败现象滋生的风险。诚然，造成政府部门与公众之间信息不对称的原因有其外生性，即出于公共安全的考虑选择不公开政府信息，但这并不能成为政府部门隐匿所有公共信息的注脚。特别是在疫情发生的当下，市场环境的恶化导致税基收窄、土地财政的表现不佳，都给地方财政施以重压。而除了从宏观经济发展的角度提出纾解地方财政压力的途径，还可以从内生性的角度找出政府部门的应对之策，财政透明就是其中之一。通过研究地方财政纾压对财政透明度的影响将有助于发挥地方财政纾压的积极性。

其次，本书的研究是一项进行财税体制改革、构建现代财政制度的基础性研究工作。党的十九大报告对建立现代财政制度作出重要部署，要求"加快建立现代财政制度"，党的二十大报告则提出要"健全现代预算制度"，这些都无一不强调了构建现代财税制度的重要性。而在构建现代财税制度的过程中，公开透明是一个不可或缺的环节，这是建设阳光政府、责任政府的需要，也是依法理财、防范财政风险的需要。特别是在近些年，面对复杂严峻的国内外形势和风险挑战，实施公开透明的财政制度将有助于构建增长友好型的营商环境。这是因为，"财政信息是公共资源的载体"，财政信息公开的多寡将直接决定政府部门与私人部门在公共资源配置中的地位，进而影响公共资源的配置效率。通过政府部门及时、系统地披露有关公共收入和支出的可靠的、国际可比的信息，不仅可以促使政府部门提升财政资金的使用效率，还有助于私人部门做出合理预期，有效配置生产资源。由此，实施公开透明的财政制度是构建增长友好型营商环境的重要组成内容。而增长友好的营商环境可以涵养税源，保障地方财力的筹集。本书正是以此为出发点，立足于地方财政压力不断增加的背景对地方财政纾压影响财政透明度展开研究，以期能为财政资金的高效使用，实现财税体制改革和构建现代财政制度的顺利完成提供现实依据。

第三，本书的研究是推动地方社会经济发展的探索性工作。在经济下行压力不断增大的背景下，灵活运用财政政策工具显得更为关键。换言之，确保财政政策的积极有为有助于推动供给侧结构性改革，挖掘内需潜力，激发市场活力，培育内生动力，有效应对经济运行中出现的短期冲击和挑战，实现经济社会持续健康发展。而要实现财政政策的积极有为，离不开财政透明的实施。借由财政透明形成的监督，财政政策从制定到实施都会重视资金使用的高效性。可以说，财政透明是促进效率、保障政府部门负责任的一种"良治"工具。由此，研究地方财政纾压对财政透明度的影响实质上就是在探讨如何保障财政政策的实施绩效，也是在分析如何推动社会经济发展。

第二节 研究方法

本书采用的研究方法主要有文献研究法、理论分析法以及定量分析法等。其中，文献研究法将用于第二章的撰写；理论研究法则会应用在第三章中；至于数据分析法，作为本书的重要研究方法，其会贯穿在第四章到第七章的论证中。当然，这并不表示每一章都只使用一种研究方法，恰恰相反，研究方法的使用是机动灵活的，具体操作如下所述。

一 文献研究法

收集、鉴别和整理关于财政透明的文献，明晰影响财政透明的因素及其效应，为探讨地方财政纾压影响财政透明度奠定基础；以信息经济学为导引，参考现有文献构建出地方财政纾压影响财政透明度的数理模型；基于"信息外溢性"视角撰写文献综述，为论证地方财政纾压影响财政透明度引入空间分析提供可参考依据。

二 理论分析法

目前，在财政透明的实施上有着厚实的理论依据。有鉴于此，本文将立足于财政学科，从社会契约、公共财政和公共选择等传统的财政学理论中切入，以期能够在阐明财政透明存在之必要性的同时为研究地方财政纾压影响财政透明度奠定理论基础。

三 定量分析法

在经过理论分析明确了财政透明存在的必要性后，以财政透明功能定位不清为启发，本书将采用定量分析法展开主体研究。首先，利用理念相近的原则找出数理模型中以数学语言描述的财政收入课征基础信息量的相关指标；其次，采用定量分析法对这些指标进行时间和空间双重维度的描述性统计，为相关性分析奠定基础；最后，借由相关性分析结果给出的初步判断，利用实证模型进一步明确地方财政纾压对财政透明度的影响。

四 定性分析法

在对这些指标进行描述性统计后，本书将运用归纳和演绎、分析与综合以及抽象与概括等方法对统计结果进行特征总结，为论证地方财政纾压影响财政透明度奠定基础。在利用实证模型进行分析后，也将对其结果进行思考加工，提炼出地方财政纾压影响财政透明度的特征，以此为地方财政体制改革提供可参考依据。

第三节 本书结构与逻辑体系

为了阐明地方财政纾压对财政透明度的影响，从中汲取保障地方财政体制改革顺利实施的可参考依据，本书将按照"破题—立论—求解"的思路展开研究。首先，借由国内外文献的梳理明确财政透明在社会经济发展中的重要性，以现实为依据，指出财政透明与社会经济发展并不存在严格意义上的正向关系，将对财政透明功能定位不清的疑问作为"破题"。其次，根据数理模型的思路，借助相关性分析和实证模型构建等方法展开论证，将其结果作为健全财政透明制度的"立论"。最后，立足于本书全局，"求解"强化财政透明制度约束的关键，提出具有针对性的政策建议。

在章节的安排上，本书共包括八个部分，具体如图1-1所示。第一章是绪论，包括选题背景和研究意义、研究方法、本书结构与逻辑体系以及研究的创新与局限等。第二章是文献综述，本章将围绕财政透明的衡量、影响因素及其社会经济效应等关键词展开国内外相关文献的梳理，以期为本书的研究提供可借鉴的内容。第三章将在阐述理论基础的同时开展数理分析，涉及的理论包括社会契约理论、公共财政理论和公共选择理论等，以这些理论为导引，参考现有研究构建数理模型，用数学语言描述地方财政纾压影响财政透明度的机理。为第四章进行实证分析奠定基础。第四章将对省、地级市和县区三级地方政府的财政透明概况进行介绍。其中，关于省

第一章 绪论

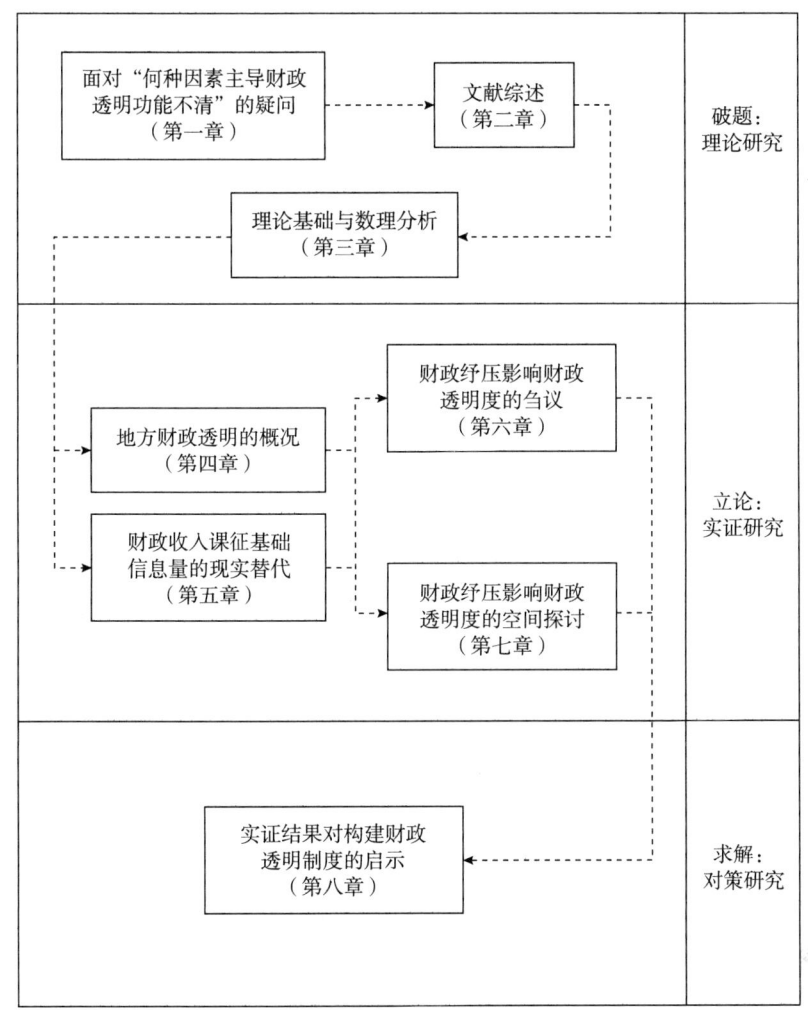

图 1-1　本书基本结构与逻辑体系

和地级市的财政透明状况已有机构开展了调查工作并形成了连续、稳定的数据量,故这里将简要介绍一下其工作,并对这两个层级的地方财政透明度数据展开分析;以这些调查工作为借鉴,本章还将设计出符合陕西省实际和调查可操作性的县级财政透明度衡量框架,并组织学生展开评分,形成县级财政透明度数据。第五章将对财政收入课征基础信息量的现实替代进行阐述。具体而言，将对赋名为"财政纾压及其比率"的一般公共预算收支形成的财政缺口及其比率进行探讨。采用如是操作是因为财政缺口可以反映出地方政府能够动用的除一般公共预算收入以外的其他财政资金的绝对能力，而财政缺口率则可以折射出地方政府对除一般公共预算收入以外的其他财政资金的依赖程度。由于这些其他财政资金包括中央转移支付、增发的一般债务、盘活的存量资金、预算稳定调节基金和从一般公共预算之外的预算体系中调入的资金等，所以财政缺口及其比率的增大意味着地方政府财政收入课征基础信息量的扩大，而弥补财政缺口及其比率则是在对地方财政进行纾压。第六章，基于前两章的探讨，将通过相关性分析和构建实证模型的方式对地方财政纾压影响财政透明度展开论证。当然，信息是一种具有外溢性的资源，财政信息作为政府行为的产物更是如此。正是认识到这一点，第七章将利用空间模型论证地方财政纾压对财政透明度的影响。第八章是基于研究内容给出的对策建议。第九章虽没有作为正文在研究框架中表示，但也应被提及，其是以附录形式给出的陕西省县级财政透明度调查框架和结果。

第四节 本书的主要创新与局限

一 本书的主要创新

首先，广泛阅读文献，结合实际深入思考，为财政透明制度的构建提供了参考依据。理论上，较高的财政透明度和公共服务质量配以较低的税负是公众所期望得到的景象，因为唯有此，才能促使政府部门压缩因提供公共产品或服务而抽取的"租金"成本，提高公共资金使用效率，但在现实中，出于维护自身利益的需要，政府部门并不会做出公众期望的策略——要么是较低的财政透明度和公共服务绩效（公共服务质量与税负之比），要么是较高的财政透明度与较低的公共服务绩效或者相反。即便政府部门实施了较高的财政透明度和公共服务绩效,也并不意味着政府部门就压缩了提供公共产品或服务的"租金"成本。因为相对于政府部门的财政资金活动,财政透明制度的约束是有限且固定的,这就表示当面对财政透明制度的约束时,政府部门的一些财政资金活动并不会全然处于制度的监督之下,也即产生了制度监督的空白地带。正是基于这一思考,本书利用相关性分析和实证模型进行了论证。

其次,将地方财政纾压影响财政透明度的论证下移到县级层面。现有针对财政透明的研究主要集中在省和地级市,这在为我们提供可借鉴研究的同时,也引发了对县级财政透明度的思考。县级政府作为基层政府,在公共产品或服务的供给上扮演着重要的角色。若能明晰财政透明在县级财政资金活动中的状况,将有助于公共产品或服务的有效供给。基于此,本书对陕西省县区财政透明度展开调查。将陕西省作为被调查对象,原因有二:其一,陕西省是作者的居住地,在开展调查的过程中具有其他省份所不能提供的便利;其二,陕西省作为西北地区的重要省份,在区域社会经济发展中具有不可替代的地位。基于陕西省县区财政透明度调查形成的数据,本书仍将采用相关性分析和实证模型对县级财政纾压影响财政透明度展开论证,这样也契合了将"地方"作为研究对象的主题。

最后,以信息外溢性为导引,将研究视角扩展到空间。从某种程度上讲,财政信息属于公共产品,也具有使用的非竞争性和非排他性,所以产生外溢性是必然的,尤其是在地方政府竞争存在的背景下。为了吸引资本、技术和人才等生产要素的流入,保障辖域治理权利益的最大化,地方政府会在投资环境、法律制度和政府效率等方面展开竞争。财政资金活动作为政府效率的组成部分,自然也会在地方政府竞争的范畴内对其他辖区产生影响。换言之,当一个辖区的财政资金发生变化时,必然会影响与其存在竞争关系的其他辖区的社会经济。这样,立足于地方政府竞争,从外溢性的视角来看,当一个辖区的财政纾压发生变动时,必然会对其他辖区的财政透明度产生影响。带着这种思考，我们将引入空间视角作为创新点。

二 本书存在的局限与不足

第一，针对陕西省县级财政透明度设计的调查框架较为简单，由此形成的数据可能会使我们对县级财政纡压影响财政透明度的结论做出误判。虽然以《财政透明度良好做法守则》等为导向，努力参考上海财经大学和清华大学的财政透明度调查框架，但囿于人力、物力等条件的有限，本书设计出的陕西省县级财政透明度调查框架较为简单，共包括四个一级指标、11 个二级指标，每个二级指标赋分 10 分（其中两个二级指标赋分 5 分），调查框架的总分为 100 分。由于每个指标衡量的内容较为单一，所以导致县际间的财政透明度差异不易被解读。具体而言，一些原本存在显著差异的县际间财政透明度因为这些差异代表的财政信息没有被包含到调查体系中，使县际间的财政透明度差异并没有显现；或者是本来差异不是很大的县际间财政透明度因为指标赋分的关系显现得很大。而无论是哪种情况，都削弱了陕西省县区财政透明度的调查价值。

第二，弱化了利用财政纡压及其比率替代财政收入课征基础信息量的正当性阐述。借由第三章的数理模型可知，当政府 i 的财政透明度（f_i/f）与财政收入课征基础信息量（F_i）存在正向关系时，这表示财政纡压是推动财政透明度提升的重要因素，但也意味着财政纡压资金存在摆脱财政透明制度约束的可能。为了验证这种假设，我们尽可能地收集数据展开论证。这里的财政透明度数据无须多言，省和地级市的财政透明度数据可从上海财经大学和清华大学的调查工作中提取，县级财政透明度数据也可以自行开展调查形成。虽然陕西省下辖的县区共有 107 个，但只需调查一个年度的数据，所以陕西省县级财政透明度数据也能保证有效收集。至此，能够给论证地方财政纡压影响财政透明度造成困难的就只剩下如何获得财政收入课征基础信息量的数据。在数理模型的假设中，我们假设政府 i 的财政收入课征基础信息量（F_i）只有政府知道，所以无论是出于利益保护的考虑，还是基于安全考量，现实中属实不易获得该变量的数据。基于此，本书以理念相近为原则，借由财政纾压及其比率予以替代。之所以选择财政纾压及其比率进行替代的原因是因为二者可以体现政府可筹集的除一般公共预算收入以外的财政资金渠道的多寡。换言之，当财政纾压及其比率较大时，意味着政府可筹集财政资金的渠道较多，而可筹集财政资金的渠道较多，也即表示财政收入课征基础的信息量较多。显然，这只是我们的主观判断，由于缺失财政收入课征基础信息量的数据，使我们不可避免地陷入不能验证其与财政纾压及其比率关系的僵局，也就不能明确背书财政纾压及其比率替代的正当性，成为本书的局限。

第三，实证模型的解释力仍存在值得商榷的地方。构建实证模型是本书研究方法的主体，主要用在第六章和第七章中。虽然在构建实证模型的过程中，本书一直采用逐步回归法力图找出能够充分拟合现实的因素，但这也是服从数据完整性和可得性的结果，所以模型的解释力从构建初始就注定是一个未决之题。即便采用子样本进行稳健性检验，也不能消除因要满足数据完整性和可得性而产生的模型解释力仍存在值得商榷的问题。

第二章 文献综述

为保障财政政策的实施效率,顺应现代财政制度的构建要求,国务院于2008年颁布实施了《中华人民共和国政府信息公开条例》(以下简称《政府信息公开条例》),全国人大常委会则于2014年8月对《中华人民共和国预算法》(以下简称《预算法》)进行了修订,从党的十八大到二十大更是将实现"社会管理信息化"与"建立现代财政制度"作为政府工作的重点。作为国家治理和现代财政制度的重要特征,财政透明的实施已然成为一种趋势。而就在实务部门推动财政透明制度建设的同时,学术部门也对相关议题给予了关注。从文献的梳理来看,国内外学者的研究主要集中在财政透明的"度"量、影响因素及实施效应等三个方面。

第一节 关于财政透明的衡量

"工欲善其事,必先利其器。"合宜的财政透明固然有助于保障财政政策的优化实施,但也需要财政透明量化的支持,因为统计数据是政府部门做出宏观调控和科学决策的重要依据。不过,在开展统计工作前,需要有系统、完整的概念作为其行动的基础,财政透明的衡量也是如此。Koptis 和 Craig(1998)是最早提出财政透明度概念的经济学家,他们认为财政透明度是指政府官员能详细公布公共部门的职能、构成、账户、规划以及政策目的，并使社会成员可以便捷地获取到部门内外行政的全面真实、实时易懂且可进行国际对照的信息，由此所有社会成员可以详尽地了解公共部门的资金绩效和行政运行，包括它们现在和未来的社会经济影响。Kulzick（2004）则在研究如何杜绝金融欺诈时指出，透明度应基于需求者的立场进行设计，并认为精确实时、明晰全面、法治便捷、适当一致是其应有的内涵。尽管从信息供需双方的角度来理解财政透明度会有所差异，但二者是统一的，因为较高的财政透明度，要求政府必须依据公众的需求来提供及时、完整、准确的财政信息，这实际上是政府对公众所负有的责任和义务。马海涛和王淑杰（2012）以国际标准为参考，基于我国国情指出，政府预算透明度的指标体系至少应包括以下六个方面：公开信息需符合法律法规、可信确实、明确具体、全面完整、及时实时、可得参与。以这些财政透明度的概念为基础，各国学者和国际组织对不同社会的财政透明度状况进行了衡量评估。

von Hagen（1992）编制了欧洲八国的透明度指数，这一透明度指数的衡量主要包括各国政府是否存在特别基金；是否用一个文件提交预算；调查国家的回复；是否存在国家账户的连接；是否借贷给非政府部门。Guerrero 等（2001）衡量了阿根廷、巴西、智利、墨西哥和秘鲁的预算透明度指数，他们主要衡量各国政府发布有关金融、财政收入和支出等信息的可得性和有用性，同时也用专家对各国预算过程法律框架的详细分析作为衡量预算透明度的补充。Allan and Parry（2003）采用了更具描述性的方法分析了欧盟新成员国的财政透明度，他们利用《标准与守则遵守情况报告》（ROSC）（以下简称《情况报告》）评估了这些新成员国目前的财政信息公开状况，并认为四项内容需要被重点提及，这四项内容是通过建立中期预算报告来增加财政政策的可靠性，全面公布政府的预算外活动，加强和完善政府的会计系统和报告系统。同时，他们认为有必要构建一套统一的财政报告标准并且改善地方政府的管理能力。

除了学者对各国的财政透明度状况进行评估外，国际预算合作组织（IBP）从2006年开始每两年都会利用《预算公开指数》对全球各国的预算透明度进行评估。《预算公开性指数》的调查问卷共有123个问题，其中91个问题是评估公众获取预算信息的情况，其他32个问题是评估公众参与预算的机会和政府重点监督机构让执行者担负公信力的能力。国际预算合作组织通过对这些问题的问卷调查来评估一国政府公布的预算信息。虽然国际组织也会对我国财政透明度进行调查评估，但是其结果相对较少，且多为国家层级的数据，不免限制了我国财政透明度的研究。2008年，我国颁布实施了《政府信息公开条例》，自此学术界开始了对我国各级政府及部门财政信息公开状况的调查评估。

2009—2022年，中国社会科学院法学研究所法治国情调研组每年都会发布一份《中国法治发展报告》，并在报告中公布一份当年的《中国政府透明度年度报告》。调研组为研究对象设计了专门的测评指标，并通过浏览政府网站和提出书面申请的方式对这些研究对象的信息公开情况进行评分，测评指标总分为100分。

北京大学公众参与研究与支持中心也曾于2009年开始与耶鲁大学法学院中国法律中心联合多所高校的科研团队对我国政府的信息公开状况进行了调查研究。调查组以被调查对象执行《政府信息公开条例》的情况为内核，设立测评指标，通过发起信息公开申请、网络检测和实地调研等手段对中央机构、地方政府等多家单位的信息公开状况进行了调查，具体调查的内容包括组织配套、制度配套、主动公开、依申请公开和监督救济五个方面。

2009年，上海财经大学发布了一份针对全国31个省份财政信息公开状况的《中国财政透明度报告》，此后每年都会开展这项工作，一直持续到2018年。在这项调查工作中，课题组以全面性、系统性、详细性和连续性为原则，设计了一个尽可能涵盖所有财政信息的指标框架。然后，招募学生通过电子邮件和挂号邮政信函以及访问官方网站、查阅政府公开出版物等方式对31个省份的一般预算基金、政府基金、社会保障基金和国有企业基金的信息公开进行调查评估。由于这项工作与下面介绍的由清华大学主持的市级财政透明度调查形成了较为稳定的财政透明度数据，所以将作为本书进行实证分析的基础。

2012年5月，清华大学公共管理学院针对我国市级政府的财政信息公开状况公布了一份《中国市级政府财政透明度研究报告》（以下简称《报告》）。在这份《报告》中，课题组对我国81个地级市政府2011预算年度和2010决算年度的财政信息公开情况进行了评估。虽然评估指标的设计以我国实际为基础，充分借鉴了《财政透明度良好做法守则》（*Code of Good Practices on Fiscal Transparency*），但还是存在设计简单、不能详尽展示被调查对象财政信息公开状况的问题。到2013年7月，课题组再次发布新的《报告》，将研究对象扩大到全国所有285个地级市以及4个直辖市（不包括三沙市），并制定了新的财政信息公开状况的评价标准。除这些科研机构对我国财政透明度进行调查外，个别学者也对财政透明度的调查进行了尝试。以清华大学的财政透明度调查体系为参考，陈隆近等（2015）首次将被调查对象设定在县级层面，对四川省181个县级政府2010—2012年的财政信息公开状况进行了调查评估。

综合而言，这些调查工作形成了较为可观的财政透明度数据，这在为我们评估其他政府部门的财政信息公开状况提供可借鉴对象的同时，也为后续学者分析影响财政透明的因素和实施财政透明的效应奠定了坚实的基础。

第二节 关于财政透明度的影响因素

作为一个治理工具，财政透明功能的发挥除了可以借由量化实现外，还应综合考虑影响自身的因素。就此，王雍君（2003）指出，推动财政透明度的力量主要包括宏观经济稳定、吸引资本流入、完善金融市场和信息公开，造成中国财政透明度与国际规范存在差距的原因是成本与收益不对称、政治意愿不强以及金融市场封闭等。Alt等（2006）的研究发现，政治和财政政策结果是影响透明度水平的重要因素，公平的政治竞选和分权将提升财政透明度，同时政治多极化、政府债务以及预算不平衡也会影响透明度的水平。曾军平（2011）的研究表明信息公开法规的制定有助于推动行政部门公开相关信息，但其作用极为有限。王淑杰（2011）基于国际预算合作组织调查的透明度数据分析发现，影响一国财政透明度的重要因素有经济体制、经济发展水平和资本性收支比重。肖鹏等（2013）的实证分析发现，公民受高等教育比例、人均GDP、网民比例、人均FDI、财政赤字比例以及人均税收等都是影响地方财政信息公开水平的重要因素。辛兵海等（2015）的研究则表明资源依赖在地方财政信息公开中扮演着重要角色，即当某一辖区的资源依赖增大时，地方财政透明度会出现下降。与这些研究不同，朱颖等（2018）认为公众诉求在推动财政透明度的提升中不容忽视。他们通过研究发现公众若能对"三公"消费和社会保障问题持有关注，那么地方政府会在国有企业信息、社会保障基金等的信息公开上出现显著的提升。与朱颖等（2018）的研究视角不同，但观点相近。上官泽明等（2020）从互联网发展的角度阐明了公众关注在财政透明提升中的作用。而类似的研究还包括罗健（2020）的文献。他指出，媒体关注与财政透明度之间存在正向关系，增强媒体关注有助于提升财政透明度；除此之外，政府审计的增强不仅有助于提升财政透明度，还有助于夯实媒体关注与财政透明度的正向关系。在政府审计对地方财政透明的正向影响上，刘禾丰（2021）和王艳（2021）也持相同的观点。显然，政府审计只是从行政角度对财政透明度提升施以推力，这里还可以从立法的角度达成目的。张又文和洪海林（2021）就指出，《中华人民共和国预算法实施条例》（以下简称《预算法实施条例》）的完善有助于保障地方财政信息公开的提升。

总结而言，现有文献的研究表明，影响财政透明度的因素不仅来自经济领域，还来自政治领域，这就表示提升财政透明度是一项涉及面广泛的工作。在构建实证模型进行分析时，我们应尽可能多地考虑影响因素，以此在确保模型解释力的同时，也可以为政策建议的提出提供参考依据。与研究财政透明度的影响因素相比，学者更多地将研究重点置于财政透明的社会经济效应。

第三节　关于财政透明的社会经济效应

　　财政透明向来不是一项技术工作，而是关乎社会公众利益的制度问题，所以财政透明的实施势必会影响市场主体的行为，产生广泛的社会经济效应。这一点也可以通过财政透明度的概念看出，财政透明承载的是财政资源在公众之间的配置结果，所以政府公开财政信息势必会影响公众的行为策略，而公众的行为策略的改变将会影响社会经济的发展。Kopits（2000）就指出，尽管一方面证实财政透明与财政纪律和经济绩效之间的关系存在固有的难度，但另一方面国际货币基金组织成员国的实际情况表明，一国良好的经济绩效往往伴随着较高透明的财政行为，而且有许多好的理由相信财政透明能够稳定宏观经济、有效配置资源和实现公平。此外，财政透明还可以增加可靠性，这样有助于降低金融市场的风险溢价和增强选民的支持。显然，Kopits（2000）的研究只是概括式地陈述了财政透明的作用，要明晰财政透明在社会经济发展中的具体功能，还需基于现实情况展开实证分析。而目前关于财政透明的社会经济效应研究较多，为了系统了解现有研究的状况与趋势，我们可将这一主题的文献分为若干个子板块。

一　关于财政透明对财政绩效的影响

　　关于影响财政绩效的因素的研究，学者大多将重点集中在预算制度上，认为财政部门的权力、预算修订规则以及预算执行的机动性等都是影响财政绩效的因素，这可以从 Horvath 和 Szekely（2001）的研究中得到印证。他们分析发现设计良好的中期财政框架有助于欧盟新成员国提升宏观经济政策的可靠性。而关于财政透明对财政绩效的影响可追溯到 von Hagen（1992）的研究，在他指出了财政透明对财政绩效的积极作用后，学者利用不同的现实状况对其结论进行了验证。首先，还是 von Hagen 和 Harden（1994）的研究，他们分析了 12 个欧盟成员国的数据指出，预算制度透明和预算规则一样也是影响公共支出和财政绩效的因素。Alesina 等（1999）也认为政府缺乏信息透明和预算规则会密切影响财政绩效，这是因为政府信息不透明被认为是预算程序出现问题的关键因素。而作为财政绩效考核重要组成部分的债务，自然也会受到财政透明的影响。Alt 和 Lassen（2003）就以 1999 年经济合作与发展组织的调查问卷为基础估计了财政透明度，然后基于高透明度能导致低均衡债务的政党职业关注模型发现，经济合作与发展组织成员国的债务确实与财政透明度之间存在反向关系。Hemming 和 Kell（2001）也通过政治经济学的文献梳理表示财政透明度能够使财政政策更负有责任。这是因为政府官员会受制于某些限制，这样他们在设计财政政策时会考虑得更加周全。国际货币基金组织（1999）更是在发布的《财政透明度手册》中提出，财政透明能够使政府官员设计和实施负责任的财政政策。换言之，政府的财政透明度越高，财政政策就越可信，由此吸引的公众支持会更多，市场主体进入资本市场的条件会改善，突发事件和危机的危害性也将减轻。而为了进一步确认财政透明对财政绩效的积极影响，Milesi-Ferreti（2004）以马斯特里赫特条约对欧盟成员国的影响为依据研究了财政透明度与财政规则之间的关系，他认为财政透明度能够增强财政绩效，这是因为高度透明的财政背景能促使政治家采取必要措施平衡预算。持相同观点的还有 Jarmuzek（2006）的研究。他基于 27 国的状况评估了行政部门信息公开对构建良好财政纪律的作用，指出行政部门透明度的提升与债务累积是呈反向变动的。Hameed（2005）则利用 57 个国家的公共

第二章
文献综述

资金《情况报告》(ROSC)制定了一组财政信息公开指数，并以此为基础分析认为，行政部门信息公开水平的提升有助于增强公共资金的绩效。至此，关于财政透明影响财政绩效的国际探讨就已梳理完毕，这在为我们提供研究的可借鉴材料的同时，也触发了我们探究财政透明在我国对财政绩效影响的兴趣。

可能囿于早期没有形成连续稳定的财政透明度数据，关于我国财政透明对财政绩效影响的实证分析较少，在笔者搜索能力所及范围内，可以找到较早的相关文献只有赵扬清和黄振丰（2006b）的研究。他们通过比较中国和主要国家的债务衡量指标与披露经验发现现行的债务披露确实存在不足，而针对这些问题可以实施的改进措施包括透过修法或另订规则来强化信息揭露的法制规范；扩增信息揭露范围；充实信息揭露内容；公布信息揭露的对象与时地；充实公共债务衡量指标。而随着我国形成了数量较为可观的财政透明度数据，相关的实证分析也自然出现了增多。杨翟婷和王金秀（2020）就以我国省级数据为对象，通过构建动态面板模型发现，财政透明能够显著影响地方财政支出预决算的偏离，这种影响表现在地方财政透明度越高，支出的预测偏离度和执行偏离度越低。与之观点相近的还有肖鹏和樊蓉（2021）的研究，他们通过省级面板数据分析发现，财政透明度确实可以降低地方预决算收入的偏离度，但与地方预决算支出的偏离度存在正向关系。梁星等（2021）也指出硬化预算约束有利于民生财政支出绩效的提高，而财政透明度的提升会保障硬化预算约束的积极影响发挥得更为显著。董必荣等（2022）没有直接述及财政透明度与财政绩效的关系，而是肯定了政务信息化在地方政府预算资金使用效率提升中的积极功能，且指出这种积极功能的发挥需要借助财政透明度和公众关注度的提高。而为了进一步明确财政透明在财政绩效中的作用，学者还从财政支出项目着手进行了探讨。邢文妍（2020）发现财政透明度对教育、医疗卫生和城乡社区事务的支出效率存在显著的正向线性影响，对社会保障与就业支出效率则会产生正"U"形影响。与其研究相近的还有许安拓和张驰（2021）的文献。他们基于我国市级面板数据分析发现，财政透明度的提升对财政教育资金使用效率能够产生非线性的影响，具体而言，是一种"先抑制、后促进"的正"U"形影响。杨雅琴和郭茹（2020）则以我国29个省份为对象研究发现，以地方公共产品供给种类合意性、供给规模和资源浪费情况等为内容衡量的财政效率与财政透明度之间存在正向关系。

也如前文所述，债务也是财政绩效考核的重要组成部分，对此学者展开了一系列的研究。周金飞和金洪飞（2018）通过省级数据研究发现，财政透明在地方政府债务限额分配中发挥着显著的作用。肖鹏和樊蓉（2019）的研究也支持这一观点的成立。只是在他们的研究中，财政透明度与地方债务规模呈现倒"U"形的关系，也即当财政透明度达到一定程度时，才会发挥管控地方政府债务规模的功能。张朋和马文涛（2020）则通过四种实证方法对此进行了验证，其结果与肖鹏和樊蓉（2019）的结论一致，倒"U"形属实是财政透明度与地方政府债务规模的关系描述。不过，更多的学者还是如周金飞和金洪飞（2018）般直接研究了财政透明对地方债务的影响。邓淑莲和刘潋滟（2019）就从"内因"和"外在表现"两个角度明确了财政透明度在降低地方政府债务风险中的积极作用。她们认为，地方政府会迫于信息公开形成的压力对地方债务风险进行多角度的强化管理，在举债规模、债务结构和发债过程等方面促使地方财政步入正轨。靳伟凤等（2022）的研究也认为，虽然地方政府债券利差的扩大会增大政府融资成本及其风险，但可以借助财政透明度的提升降低地方政府的债券利差。

至此，关于财政透明在财政绩效中的功能定位就已明确——财政透明的提升是实现财政绩效的重要保障。当然，这一结论并非必然。财政透明对财政绩效的影响可能以"门槛值"为界表现得截然不同，这就暗示了财政透明的自身状况也是不可忽视的研究重点，也说明我们研究的必要性。

二 关于财政透明对金融市场的影响

由 Kopits 和 Craig（1998）给出的定义可知，预算透明度影响经济结果的主要途径之一是金融市场。当经济基本面既定时，国际金融市场会向公开财政状况及风险的政府要求较低的报酬。这是因为，金融市场可以通过财政透明明晰政府履行职责的意愿及能力，确保投资决策的准确性，所以财政透明度被认为能够影响信用等级、主权债券利差、外国直接投资以及资产配置。

Glennerster 和 Shin（2003）的研究就认为如果政府进行透明度相关改革，例如出版国际货币基金组织监测报告，发布不同的《情况报告》（ROSC）以及《数据公布特殊标准》（SDDS）① 遵守报告，那么主权债券利差会下降。国际金融协会（IIF）（2002）和 Christofides 等（2003）也认为《数据公布特殊标准》的遵守情况直接关系到主权债券的等级及利差。换言之，公司透明、会计标准以及腐败等都对主权债券的等级及利差产生影响。Gelos 和 Wei（2002）则利用政府和公司不同的透明度指数研究表明，新兴市场产权基金会持有较少的不透明国家的资产，而且透明国家的基金中会出现更少的"羊群效应"。Chortarea（2002）的研究则发现，宏观经济数据公开与通货膨胀率之间存在反向关系。Petrie（2003）指出如果政府能进一步公开财政账户和财政意图，那么政府会更加融入国际资本市场，相应地，政府债务的服务成本会更低，并且财政政策的不确定性也会降低，对任何冲击经济发展的突发事件都能及时平稳地应对。Hameed（2005）和 Gracia（2011）等则认为，其他因素是既定的情况时，公开定量财政风险信息的经济体的信用评级要比只公开部分信息的经济体的信用评级高一个等级。Arbatli 和 Escolano（2012）认为财政透明度对信用评级存在积极显著的影响，虽然这种影响在发达经济体和发展中经济体中的运作渠道各不相

---

① 《数据公布特殊标准》由国际货币基金组织创立于1996年，目的是指导国际资本市场的参与国向公众公布经济金融数据。

同。在发达经济体中,财政透明度通过财政绩效显示出的间接效应更显著,而财政透明度的直接信誉效应在发展中经济体里显示出更具相关性。对发达经济体而言,如果财政透明度增加一个标准差(大约15个百分点),那么GDP会增加2个百分点,且债务与GDP的比率会降低16个百分点,而信用评级会增加0.45个等级;对发展中经济体而言,如果财政透明度增加一个标准差,那么政府的信用评级会增加0.5—0.9个等级。相较于西方学者的研究热情,我国学者对财政透明影响金融市场的探讨不多,仅能收集到的相关文献是王少华等(2022)的分析。他们以我国沪深A股上市公司为例研究发现,财政透明能够显著影响属地企业的金融化,促使其"脱虚向实"。具体而言,当财政透明度变动一个单位时,当地企业会减持0.54%的金融资产。

归纳而言,这些文献都强调了财政透明对金融发展的积极作用,为我们研究财政透明提供了价值背书。如果可以强化财政透明制度,实施真正意义上的财政透明,那么在既有研究呈现的思路中,金融市场将实现健康有序的发展。

三 关于财政透明对腐败的影响

众所周知,寻租和腐败是任何社会经济发展过程中都不可避免出现的一种现象。寻租是对特殊地位或垄断的一种投资,而腐败则是寻租的结果。寻租和腐败的存在有其必然的危害。首先,寻租和腐败是对生产力发展的严重阻碍。人们谋求利益的方式包括生产性活动和非生产性活动。其中,开展生产性活动需要投入自然或社会资源是毋庸置疑的,而非生产性活动看似与自然或社会资源的投入无关,但实质上仍会占用这些资源,这就造成了原本可以投入生产性活动创造产出的资源被浪费在这些非生产性活动上,进而限制了生产力的发展。其次,寻租和腐败会扭曲社会的激励机制。当寻租和腐败能够以低成本和低风险的方式获得高收益时,自然或社会资源会接收到这种信号,主动流向这些领域,而这没有为社会创造任何财富,反而损及了社会激励机制的正常运行。最后,寻租和腐败会拉大居民收入差距。寻租和腐败本就是对自然或社会资源的一种配置，而这种配置的后果就是社会大量财富集中在极少数人手中，造成贫富差别悬殊和社会的不平等。有鉴于此，反寻租和腐败被视为现代政府治理的一个核心内容。尽管减少寻租和腐败的途径多强调法律的出台、司法的实施等，但是还是有一些迹象表明财政透明的提升也是减少寻租和腐败的重要途径。

Tanzi（1998）就认为在一些国家，由于缺乏政府信息透明的法律、法规及程序，腐败的发生才能有肥沃的土壤。只有当政府公开财政信息时，公民和政策分析师才可以便捷地监督政府官员的责任践行情况，这样也就从政府外部施力减少公共资金误用的可能性。Flosher（1999）也指出，将预算实践的透明制度化能促使政府建立一整套的反腐败体系，包括独立高效的审计体系、内部责任体系和及时准确的信息公布体系。Ellis 和 Fender（2003）构建了财政透明度与公共资本生产滞后长度间的模型。这个模型表明当经济达到稳定状态时，财政透明度会减少全部产出中腐败所占的份额，而在稳定状态时，财政透明度会增加产出的水平；这个模型还表明在经济发展的早期阶段，财政透明度的缺失存在特别消极的影响。Hameed（2005）的研究表明，在经济、人口等因素是既定的情况下，财政透明度高的经济合作与发展组织成员国能够控制腐败的发生。我国学者针对财政透明影响腐败的探讨也不在少数。

郭玲玲和王东辉（2019）就以沪深 A 股民营上市公司为例研究发现，反腐败运动确实能够显著降低政治关联与民营企业获得的政府补助的正向关系，而财政透明度的提升也具备相同的功能。牛奎馥（2019）则从财政分权和财政透明的角度阐述了二者对腐败的影响，结果显示财政透明和财政分权是形成地方腐败的显著因素，而财政透明则会抑制地方腐败的产生，甚至当财政透明度出现提升时，财政分权造成地方腐败的可能性也会降低。梁城城和张淑娟（2020）则直接指明财政透明的降低会导致非税收入规模的扩张，而非税收入的扩张恰是官员腐败丛生的显著原因。胡春兰等（2022）也通过分析发现，反腐败力度的增强确实能够对地方政府行政成本的上升产生抑制效应，而这种抑制效应会在财政透明提升的背景下得到强化。

至此，关于财政透明影响腐败的研究就已梳理完成。与财政透明影响财政绩效的分析不同，学者对于财政透明影响腐败的结论倒是"众口一词"，认为财政透明的提升可以在抑制腐败中发挥积极的作用，且这种抑制作用的发挥可以是直接的，也可以是间接的。总结而言，这些研究对财政透明的功能给予了充分的肯定，这为我们研究财政透明再次提供了价值背书。

四 关于财政透明对其他社会经济指标的影响

政府财政信息公开不只会影响财政绩效、金融市场及腐败，而且会影响到其他社会经济指标。这是因为，财政信息公开的服务对象是公众，公众可以基于信息收集会做出有利于自身收益最大化的行为决策，而这种行为决策势必会对社会经济产生直接或间接的影响。就此，本节将对除财政绩效、金融市场及腐败以外的社会经济指标受财政透明影响的文献进行梳理。首先，就财政透明对政府治理的影响而言。Djankov等（2004）通过研究指出，当政府承担起规制经济秩序的职责时，政府越透明，经济就越能以更低的社会成本发展，而且因为财政透明度有可能受民间资本的影响，所以财政透明度水平越高，政府规制经济秩序的社会成本就越低。王满仓和赵守国（2005）则认为公共资金信息公开化是推动政府治理变革的核心，这是因为，公共资金信息公开化有助于增强官员的责任感，提高行政运行的效率，夯实执行党的执政基础，推动经济社会不断发展。陈小梅（2007）和申亮（2008）也都强调了公共资金信息公开化对行政部门的积极作用。他们指出提升公共资金信息公开的水平有助于提高行政部门的治理能力，增强部门官员的使命感，并营造出公平有序的政治竞争环境。在这一主题上，申亮（2018）的研究还有阐述。他指出，财政透明在国家治理体系的构建中具有重要的作用，特别是对于作为基础和难点的基层政府而言，唯有通过

"自上而下"和"自下而上"的方式践行财政透明才可以推动政府实现制度创新,从而保障国家治理体系目标的实现。为了从实证分析中得到印证,王汇华(2020)从政府会计和财政透明的角度进行了证明。他发现政府会计信息披露质量的提升能够有效促进经济发展和抑制经济风险,甚至在经济风险削弱经济增长的影响中也能起到缓解功效,是助力"稳增长"和"防风险"的良治工具。

其次,从财政透明对公众福利的影响来看。Gavazza 和 Lizzeri(2005)利用概率投票模型研究了财政透明度对不同群体选民的影响。他们认为,在选举前政党的竞争中,预算支出的透明能改善公众福利,而预算收入的透明却降低公众福利,这是因为支付给无谓转移支付者的边际政治成本降低了。在综合逆向选择和道德风险的政治代理模型中,Besley 和 Smart(2005)指出,增加透明度对选民福利产生不同的影响。一方面,增加透明度能够使选民较好地区分政治家的优劣;另一方面,提高财政透明度本就可以限制政治家寻租,这就导致选民较难区分政治家的优劣。因此,选民对现任政治家品质的评判是模糊的。Prat(2005)则采用了职业关注模型。在这一模型中,选民和政治家均不知政治家的类型,提高透明度有利于选民的利益,但是如果代理人以公众目的作为忽视私人信息的理由,那么过多地披露代理人行为的信息是不利的。与西方学者研究财政透明影响公共福利的视角不同,我国学者的研究更多地从微观主体的感知着手。李湛等(2019)就利用中国综合社会调查(CGSS)研究发现,财政透明能够显著影响中国居民的主观幸福感,且这种影响会因区域、收入阶层等的不同而各异。同样是采用中国综合社会调查(CGSS)数据,梅正午和孙玉栋(2020)对财政透明与公民社会公平感进行了研究。他们发现,财政透明可以对公民社会公平感产生显著的影响,且这种影响呈现正"U"形的状态,即财政透明存在门槛值,以此为界对公民社会公平感的影响是不同的。当然,这种正"U"形影响也会存在区域、收入阶层等的差异。

再次,财政透明对居民纳税意愿的影响。张益赋(2006)虽然没有利用数据直接阐述财政透明与居民纳税意愿的关系，但从纳税投资的角度出发，将公众视为纳税投资人，认为公众有权知道政府对税金的使用情况，这实质上表示居民纳税意愿与政府履行信息披露存在密切的联系。郝晓薇等（2022）从实证角度出发对这种密切联系进行了验证。她们通过中国综合社会调查数据分析发现，财政透明度对居民纳税遵从意愿存在显著的正向影响。相较于学者对财政透明影响政府治理或公众福利的研究，关于财政透明影响居民纳税意愿的探讨并不多，这可能与量化居民纳税意愿较难存在关联。不过，即便相关研究较少，却也明确表示了财政透明的重要性，而且采用的研究方法同样具有可借鉴性。

最后，财政透明的引资效应。作为社会经济发展的重要组成部分，财政透明对外商投资的影响也不应被忽视。Drabek 和 Payne（2001）就利用复合政府透明度测算发现，较低的财政透明度会对外国直接投资的资金流产生不利影响。冯力沛（2018）则基于空间视角分析发现，财政透明度的提升能够显著吸引外商投资的增加，并且这种引资功能在邻近城市间表现出显著的"竞争性"。储德银和姜春娜（2021）的研究在印证这一结论成立的同时，也指出财政透明对外商投资区位选择的影响存在地区异质性。

综上而言，财政透明可以影响的社会经济指标不一而足。囿于收集、整理能力的有限，以上文献仅是其中的一部分。不过，借由这些文献也可以洞察到国内外学者关于这一主题的研究现状：其一，国外研究主要集中在国家层面，涉及的国家包括欧盟成员国、经济合作与发展组织成员国、拉丁美洲国家以及中东欧国等，采用的数据多来自国际货币基金组织或世界银行等机构，而国内的研究则更多地集中在地方政府，这得益于自 2009 年以来一些科研机构调查形成了较为连续、稳定的地方财政透明度数据，为实证分析的开展奠定了基础。对比国内外的研究可以看出，中央政府和地方政府在公开财政信息的范围和程度上存在明显的不同，这就决定了二者的财政透明对社会经济的影响效应也会有所区别。有鉴于此，我们在开展研究时也应秉持具体对象具体分析的原则。其二，这些文献的研究基本上都指向同一个结论——提升政府部门的信息公开有助于推动社会经济的发展，但也存在例外，即当财政信息公开水平超过某一限度时就会产生截然相反的效应。显然，这再次强调了具体对象具体分析的重要性。同时，也将研究焦点引向财政透明——何种程度的财政透明能够有效发挥预期效应？其三，不同于中央政府，地方政府虽然只需承担本辖区内公共产品或服务的供给职责，面向的人数较少，但其对公众行为策略的影响却最为直接，产生的社会经济效应也更为深远。有鉴于此，选择地方政府的财政透明为对象展开研究将具有重要意义。

五 关于财政透明对公共产品的影响

文献梳理至此，看似已经完成了搜集能力所及范围内的综述，但换一个角度来看，以上这些研究都或多或少暗示了财政透明对公共产品的影响，所以出于总结的目的，本节将对财政透明影响公共产品的文献进行梳理。关于财政透明与公共产品的关系可以从财政透明的概念中窥知一二——财政信息的公开可以降低市场主体参与经济活动的不确定性，推动经济的发展。虽然财政透明的概念没有明确表示财政信息公开对公共产品的影响，但因为稳定有序的市场环境具有"公共产品"的属性，所以从某种程度来讲，财政透明的提升势必与公共产品的合意供给存在必然联系。为了证明这种必然联系，让我们回顾一下前文的阐述，学者基于现实分析证明了财政透明可以对财政绩效、反腐败和政府治理等产生影响。以 von Hagen 和 Harden（1994）以及 Alesina 等（1999）的研究为例，他们通过分析发现，除了预算规则外，预算透明制度的构建也可以对财政绩效的提升产生显著影响。而随着财政绩效的提高，腐败的空间会被压缩。Tanzi（1998）就指出在一些国家，由于政府信息缺乏透明的法律、法规及程序，腐败才会有滋生的土壤，所以要建立一整套的反腐败体系，不仅要包含高效的审计和内部责任体系，还应具备及时准确的信息公布体系（Flosher，1999），否则将无益于腐败的抑制。在当今世界，任何一个社会对于政府腐败都持有"零容忍"的态度，这是因为腐败的出现会增加社会成本，扭曲价值观导向，所以加强政府部门的廉政建设就成为社会发展的必然要求。财政透明的作用在于能够坚定政府治理变革的决心（王满仓和赵守国，2005）。通过财政信息公开，不仅可以增强政府部门官员的使命感，还能营造出公平有序的政治环境（陈小梅，2007；申亮，2008），所以财政透明的提升有助于政府治理水平的提高。诚然，这些文献都是在肯定财政透明的积极功能，但实质上却也指向财政绩效、反腐败和政府治理等都属于公共产品。因为它们也如其他的公共产品一样具有消费的非竞争性和非排他性，能够给社会公众带来额外收益。而既然是公共产品，那么就会不可避免地遇到供给的问题，因为在政府和公众之间永远横亘着如何妥善处理"委托—代理"关系的思考。在现代政府理念中，公众与政府的关系被定义为是权力拥有者和权力具体行使者的关系，反映在"委托—代理"关系中，公众是委托人，政府是代理人。亦如"委托—代理"关系在经济领域中的表现，公众与政府之间的关系也会因信息不对称而产生问题。这种问题具体体现在权力寻租的出现，政府部门会以权力为筹码谋求经济利益。诚然，权力寻租的危害已经在上文阐明，这里需要考虑的是如何解决这一问题，标尺竞争的引入被给予了厚望。

为了避免代理人利用信息不对称对委托人的利益造成损害，Shleifer（1985）等学者提出标尺竞争理论（Yardstick Competition），他们认为通过类似条件下代理人绩效的比较可以明确显示代理人的工作努力程度，从而使委托人能够设计合意的激励制度。以此理论为基础，国内外学者进行了广泛的研究。Lan 等（2013）利用期望社会福利最大化的多公司管制委托代理模型研究发现，当边际成本高于标尺价格时，公司会产生降低成本的动机。Lefouili（2015）的研究也表明，标尺竞争会对公司缩减成本的投资创新动机产生影响，这种影响体现在标尺竞争越激烈，公司的创新动机越强烈。显然，这些基于现实的分析对于标尺竞争理论的丰富具有重要的意

第二章
文献综述

义,但也始终不能回避理论存续条件存在缺陷的事实,因为标尺竞争理论要求的可对比的代理人绩效条件在现实中并不轻易具备。

不过,即使理论上存在局限,学者还是将其应用到了公共产品供给领域的研究上。Boarnet 和 Glazer(2002)就指出,标尺竞争在地方政府赢得联邦拨款中能够发挥积极效应。Revelli(2008)则以英格兰为例研究发现,地方当政者倾向于供职时采用低财产税和高绩效公共服务,否则处于同一地方媒体市场的当政者会陷入重新选举的境地,这实质上表明标尺竞争在起作用。王媛(2016)以我国地级市为例,通过空间计量模型分析也发现,标尺竞争机制确实在公共品供给中发挥一定的作用。

至此进行小结可以看出,这些文献都肯定了标尺竞争对公共产品供给的积极意义,但也在无意中忽略了代理人应具备可对比性这个条件。而为了确保标尺竞争功能的发挥,引入财政透明就成为重点考虑的途径。

由于标尺竞争的提出是为了规避因信息不对称而出现的代理人不作为的状况,所以代理人的信息公开势必会影响标尺竞争的结果。对此,Case(1993)的研究给予了证明,他指出地方信息的溢出确实有助于信息不对称的公众基于政府绩效的比较选举部门官员。Marques(2005)也认为信息的公开能够降低委托人与代理人之间的信息不对称,并借由同类对比激励代理人采取高效创新的方式减少经济活动的成本。由此,信息公开与标尺竞争应存在正向关系。不过,也有学者持相反的观点。Tangeras(2002)就指出如果各代理人之间的信息联系较为紧密,那么就会出现代理人共谋破坏标尺竞争。Terra 和 Mattos(2017)也持有相同观点,他们认为公共信息的揭露会降低投票者对相邻地区教育供给信息的重视度,换言之,公众所处辖区的信息披露会减少公共教育供给的标尺竞争。由此可言,信息公开也会存在降低标尺竞争的可能。

总结而言,现有文献在强调财政透明对公共产品供给的积极作用的同时,对财政透明在标尺竞争对公共产品供给影响中的作用也给予了充分的肯定，这可以看作对财政透明的社会经济效应的一种总括，也可以作为本书开展研究的价值背书。当然，这里偶然透露出的"代理人共谋"也让我们意识到财政透明度的高低与财政纾压存在密切的关系。

第四节　文献述评

综合而言，现有文献从财政透明"度"的衡量到影响财政透明的因素探讨，再到财政透明的社会经济效应研究已然构建起了一个较为完整的"功能分析框架"。这有助于本课题的借鉴，但其强调的提升财政透明的主流观点似乎并不能满足实务部门解决问题的需要。尤其是在经济下行压力增大的背景下，如何有效发挥财政透明对社会经济发展的推动作用仍是政府部门亟待解决的问题。

财政透明从某种角度而言映射的是政府部门与私人部门就公共资源配置进行的博弈，这就意味着政府部门并不会主动公开财政信息。Weaver（1986）就指出只有当政府官员受到上级问责或公民批评的压力时，才会在他们可以自由裁量的权力范围内进行信息的披露。Da Cruz 和 Marques（2017）也认为当信息公开涉及财政绩效时，政府部门并不愿意披露更多的信息来回应公众的诉求。而与此同时，如果采用强制措施要求政府部门公开更多的财政信息，也可能会引发新的问题——社会出现严重的"政治化"倾向，降低政府制定公共政策的灵活性（Heald，2003），甚至第三方会恶意利用财政信息增加社会风险（Dal Bo，2005）。基于此，探讨财政透明自身就成为必然要求。用技术语言来讲，就是要分析财政透明功能定位不清产生的根源何在。这种根源是政府利用信息优势，在财政透明度与实际掌握的财政收入课征基础信息量间所做的有利于自身利益的安排。虽然财政纾压推动了财政透明度的提升，满足了公众的要求，但可能会弱化财政透明制度对财政纾压资金的监督，也就会在一定程度上限制财政透明功能的发挥。从现有文献的梳理来看，鲜少有关于地方财政纾压对财政透明度影响的研究，至于利用实证分析探讨其背后经济学含义的研究更是难觅其迹。究其原因，可能与财政透明整体水平不高存在密切的关系，使学者将研究的重点集中在财政透明的"度"量、提升财政透明的影响因素和实施效应上。不过，这也为本书研究提供了契机。

第三章 理论基础与数理分析

改革开放四十多年来，我国社会经济取得了长足发展，但是一系列涉及公共利益的问题也日渐突出，诸如民生、环保、节能减排等。这些问题与我国财政收支总量逐年增长的趋势相冲突，主要表现在：一方面，政府尽量将财政资金投向民生、环保、节能减排等重点领域，以期改善公共利益；另一方面，却是财政资金使用绩效不高、资金浪费现象较为严重。在这一背景下，我国公众的公民意识也在不断增强，利用网络等新平台参政、议政的热情也日渐高涨，要求政府信息透明的呼声不绝于耳，但政府在满足公众的信息需求上却有些相形见绌，突出地表现在：一方面，社会公众对政府的行政成本存在质疑；另一方面，政府部门对经费使用情况所做的解释缺乏公众认可。这种政府与公众间信息供求不平衡的状况长此下去极易引起公众对政府的不信任，引发社会矛盾。当前，为了提升社会公众对政府财政收支活动的知情权，我国出台并修订了一些法律法规，如《中华人民共和国政府信息公开条例》（以下简称《政府信息公开条例》）和《中华人民共和国预算法》（以下简称《预算法》）等，同时也利用网络等新传媒建立政府信息公开平台，以期能及时、有效、便捷地将政府信息传递给社会公众，抑或是在一些城市实行参与式预算，通过公众直接参与财政政策的制定来提升资金使用效率。不可否认，自2009年开始，通过十多年的推动，无论是财政透明的构建，还是财政透明的功能，都呈现出显著的成就，但政府维护自身利益是一个不争的事实，根据调查者的反馈，被调查对象在回复财政信息公开的调查时会有所保留，比如托人打听自己在榜单中的位置、给调查者补充适量的信息以获得满意的位次。可以说，财政信息公开充斥着"人情世故"[①]。虽然可以借由立法上的推进保障财政信息公开的质量，但在财政信息公开上仍存在一些问题。这些问题表现在：一方面，立法没有在财政信息公开上做出更为细致的规定，2020年我国颁布了《中华人民共和国预算法实施条例》（以下简称《预算法实施条例》），虽然在预算公开上有了一些细节的进步，但在预算科目设置上却没有实质性的改变，这就意味着财政透明的呈现并不能如实反映政府的财政收支活动；另一方面，对于立法没有规定公开的内容，政府并没有动力去公开财政信息，这就再次表示财政透明的呈现可能与实施财政透明的初衷相背离。基于这一状况，探究影响财政透明的根源就成为必然要求，而这可以从财政信息公开的必要性理论谈起。

第一节 市场失灵与财政信息公开

随着社会经济的不断发展，信息作为一种资源的事实越来越受到认可。借助信息可以推动生产力的发展。在现代化的生产过程中，劳动力素质、技术便捷和管理模式等都是决定生产决策能否成功的重要因素。而要保障这些因素的有效配置，必然需要信息的参与。管理者利用信息可以精准地招聘到高技术人才、选择适宜的生产技术和管理模式，减少这些因素的错配率，保障生产效益的实现。而信息的优势不仅在于对生产力的影响，还有助于产业结构的优化和宏观调控。通过掌握信息，传统产业可以就市场需求及时调

---

① 公共政策与治理研究院：《财政透明遭遇"天花板"亟待细化预算公开》，上海财经大学网（https：//ippg.sufe.edu.cn/fa/f0/c3422a64240/page.htm）。

整生产模式，积极投入研发，实现产业向集约化、智能化和高效化的转变，而政府部门可以充分了解宏观经济发展的状况，相机出台财政政策和货币政策，降低政策实施的时滞性，保障经济的平稳发展。至此，信息作为一种资源在市场经济发展中的地位就已阐述完毕。而既然作为一种资源，信息也会如其他资源一样在市场上导致市场失灵的出现。从外部性的角度来看，当信息资源具有正外部性时，信息产生者的边际私人收益会低于边际社会收益，这将导致信息产生不足或者是信息资源配置效率低下；而当信息资源具有负外部性时，信息产生者的边际私人成本会低于边际社会成本，二者形成的额外成本将由其他市场主体来负担，这会导致市场决策整体发生偏离，影响资源的配置效率。从公共产品的角度而言，信息资源具有消费的非竞争性和非排他性，这是"搭便车"现象产生的缘由，其结果是信息产生者的成本无法通过市场机制获得有效补偿，限制了信息资源的供给。从垄断性来看，信息资源的产生成本较高，边际成本较低，会形成自然垄断，而为了保护信息产生者的合法权益，法律等又会赋予其制度垄断。在这两种垄断的加持下，信息资源的价格会明显高于其边际成本，而这必然会导致资源配置效率的低下。阐述至此，一些细心的读者可能会会心一笑，因为这些属性在财政信息中表现得尤为明显。

首先，财政信息是一种特殊的公共产品。将财政信息界定为一种特殊的公共产品是因为财政信息的公共性内涵极为丰富，其可以从哲学、政治学、伦理学和法学等多个角度进行解读。而要在这些角度中化繁为简回归到以经济学为主要视角的理解，财政信息的公共性可以分为"自然公共性"和"制度公共性"。自然公共性是指物品与生俱来的公共性，制度公共性则是指显性的或隐性的制度赋予物品的公共性。对于一般的公共产品而言，其一定具有"制度公共性"，但并不一定具有"自然公共性"（王本刚，2012），所以二者兼具是财政信息作为公共产品的特殊之处。首先，就自然公共性来看，虽然在供给上财政信息只能由政府提供，并不能引入其他市

第三章 理论基础与数理分析

场主体参与，但在使用上，财政信息与其他公共产品别无二致，也不具有排他性和竞争性，其可以被无限次地复制，且复制的次数或方式并不影响财政信息的内容或质量，最为重要的是任何市场主体都有权利平等地获得财政信息。其次，就制度公共性而言，财政信息的传递需要借助社会化的语言、文字以及其他符号来完成，而这些社会化的语言、文字以及其他符号实质上是一种系统化的规则，是公众约定俗成的隐性制度。如果脱离这种隐性制度，财政信息就会沦为少数人籍取利益的工具，也就不具备所谓的"公共性"。而除了具有"隐性的制度公共性"外，财政信息还具备"显性的制度公共性"。这种显性的制度公共性体现在财政信息的公开需要出台颁布相关的法律法规作为依据。立法的目的就是协调社会关系，解决社会矛盾，补足道德规范在约束公众行为上的缺失，所以在现代社会的治理思想中，法律法规本身就是公众达成的一种共识或约定。它必然是显性的，否则有悖于现代社会倡导的法治理念。

其次，财政信息存在不对称的状况。在委托—代理理论中，作为理性经济人的委托人和代理人虽同属于一个契约关系，但二者之间却始终不可避免地存在利益冲突。这是因为他们之间存在信息不对称，代理人会利用这种信息不对称，让委托人在不能观察或证实自己工作努力的状况下，为自己谋取利益最大化，所以建立能够诱使代理人做出符合委托人利益最大化的激励机制是契约关系的重要组成部分（刘有贵等，2006）。然而，这种激励机制始终不能消除信息不对称的存在。即便激励机制发挥作用，也只是在尽力降低信息不对称的消极影响。代理人仍会利用工作在一线的地位形成信息不对称。而在经济领域尚且如此，在政治领域就更不遑多让。

与经济领域内的委托—代理关系相比，政治领域内的委托—代理关系具有显著的不同。在政治领域内，政府官员作为代理人的地位相对稳定。由于岗位设置的独特性，对代理人的要求会比较高，能够胜任的代理人人数也会比较少，而且当代理人不适合岗位时，替换代理人的成本会比较大，所以与经济领域内的代理人相比，政治领域内的代理人无须过分担心自己的地位。而除了具有代理人的地位相对稳定的特点之外，政治领域的委托—代理关系的特殊还体现在委托人与代理人之间的人数差距比较大。作为委托人的公众人数众多且分布较为分散，这就导致公众在进行财政监督时容易出现"搭便车"的现象，即当一个社会成员对财政资金进行监督时，其他社会成员可以在不支付任何成本的情况下享受这一行动所带来的财政资金使用效率提升。而由于"搭便车"现象的存在，社会成员对财政资金使用效率的监督将始终处于不足的状态。这与政府官员作为代理人的地位相对稳定共同导致了财政信息出现不对称的状况。

再次，财政信息存在垄断性质。行政部门的运行必然需要付出一定的社会成本，这种社会成本不仅包括为供给公共产品或服务而设置的行政部门的运转，还包括行政部门为实现自身利益最大化可能对财政资金产生的侵蚀。显然，要完全消除政府因满足自身利益而对公共利益产生的侵蚀是极其不现实的，因为财政信息存在垄断性质（李炳辉，2011）。在经济社会发展的过程中，具有垄断性质的财政信息确实发挥了一定的积极作用。因为财政信息承载的是各利益群体对财政资金配置的结果，所以当财政信息具有垄断性质时，意味着政府管理者可以集中财力办成一些关系国计民生的项目，譬如新中国成立之初，我国就建立了高度集中的财政体制，利用财政统收统支保障了战后国民经济的恢复，而在此期间的财政信息就极具垄断性。不过，这并不是财政信息垄断性影响的全部。当政府的权力愈加不受控制时，在财政信息垄断的映衬下，权力寻租几乎成为政治生态圈的常象，制度性腐败将不断显现，这必然会对市场经济的稳定运行和政府管理的权威产生冲击，而造成这一切的根源在于政府是财政信息唯一的创造者和发出者。

最后，财政信息具有外部性。当一个事物在某种环境中运行时，必然会对其他事物的变动产生影响，这种影响可以是正向的，也可以是负向的，用经济学的术语来讲就是外部性。与其他事物一样，财政信息也具有外部性。这种外部性在财政信息是财政资金配置结果载体的前提下表现得尤为明显。当政府产生的财政信息较多时，意味着政府对财政资金配置的结果较多，也即表示各利益群体获得公共产品或服务的概率较大，这可能会促使市场主体增加投资；反之，则意味着政府对财政资金配置的结果较少，也即表示各利益群体获得公共产品或服务的概率较小，这可能会增加市场的不确定性，限制市场主体的投资。

至此，关于财政信息是一种特殊的公共产品且具有信息不对称、垄断和外部性等特征的阐述就已完成。显然，这些特征的存在会导致市场失灵的出现，所以为了克服这些特征的消极影响并找出解决之策，必然需要政府在财政信息管理上有所作为——实施财政信息公开。借由财政信息公开，可以改变公众与政府之间的信息不对称，将垄断和外部性等所产生的消极影响置于可控范围之内，而要实施财政信息公开在理论上也有据可查。

第二节 契约精神与财政信息公开

社会契约论认为，当人们还处于蛮荒时代时就已经拥有了与生俱来的不可剥夺的自然权利，这些自然权利是人们尊严及人格的基本体现，不容许任何个人或团体侵犯。如果人们的自然权利受到损害，那么加害者将受到严重的惩罚。然而，人类之间总是会存在纠纷与是非，自然状态的无序性必然会导致自然权利受侵犯的问题不能及时有效、公正公平的解决，所以为了保障自然权利的不受侵犯性，人们相互之间缔结契约，通过让渡部分自然权利，组成政治体——国家。换言之，社会契约的达成是国家出现的根本原因，而社会成员对权利的让渡则是国家权力产生的源泉。在此前提下，一旦公共部门发生有违社会成员集体意志的行为，政府的存续就将会受到社会公众的质疑，动摇其执政基础。有鉴于此，社会契约论着重强调国家与公民之间的平等性，即国家与公民的权利与义务是公平合理的，相互之间的给付也是等值性的，同时契约的风险和负担也是合理分配的（刘蓉，2009）。税收契约是社会契约论在财税体制方面的延伸。它将公共部门与社会成员的关系理解成二者就税收与公共产品的供给所达成的一种平等的权利义务关系。社会成员依据法律规定向公共部门缴纳税费，而行政部门则利用公共资金为社会成员供给公共产品或服务。通俗地讲，行政部门与社会成员就征纳税费形成了一种权利与义务的"自愿交换"，税法等法律法规在这其中扮演着契约的角色，而税收则是政府与纳税人之间自愿达成的契约形式。总结而言，社会契约论阐述了行政部门与社会成员之间的关系是委托代理的关系，而税收契约则将这种关系进一步具体化。公众作为委托人，有权利要求政府按照自身需求提供公共品，而政府作为代理人，则有义务履行公众所赋予的责任。

现阶段，我国地方财政支出规模日渐增长。2004—2021年，我国地方财政支出规模由20592.81亿元上升到210583.46亿元，其占全国国内生产总值的比重也由12.72%增长到20.72%[①]。财政支出规模的扩大表明公众委托政府的责任在日趋加大，同时也意味着财政资金使用效率低下的风险在不断上升。作为公共资金的供给者，社会成员有权监督行政部门是否高效利用公共资金，否则是对社会契约的背离。由于行政部门是公共财政信息的发出者，出于维护部门利益的需要，行政部门不会主动公开或限制公开财政信息，这会造成社会公众处于信息弱势，从而形成严重的信息不对称。因此，提高公共资金的信息公开水平，有助于行政部门履行社会契约，增强自身的使命感与责任感，夯实行政部门存续的合法性。

---

① 数据来源：EPS数据库。

第三节　公共财政与财政信息公开

我国确定构建公共财政基本框架已近二十年。在这近二十年间，我国不断推动财税体制改革，完善公共财政体制的建立，可以说，"公共财政"一词早已深入人心。公共财政是指政府的资金配置行为以服务市场经济为基本准则。总体而言，公共财政就是在弥补市场失灵的目标导向下，由行政部门通过向社会成员征税，将公共资金投入到市场失灵领域的社会管理（陈元春，2004）。至于公共财政的核心要素，可以概括为"一个中心、两大原则、三项职能"。所谓"一个中心"，是说公共资金的配置应与社会成员的公共需求相匹配，否则将有违于"公共性"的特征；"两大原则"是讲判断社会成员的公共需要需遵循普遍原则和公平原则，否则将有悖于"民主性"的特点；"三项职能"是指公共资金的收支需具备三项传统职能，否则将降低其职能地位（童光辉等，2011）。显而易见，公共资金的管理实行公共化和民主化是构建公共财政的本质要求，所以行政部门在配置公共资金时应遵循社会成员的意愿，并借助民主的程序及方式决定公共资金的走向。否则，公共资金管理将违背公共财政的基本原则。而要实现公共资金的高效管理，实施财政信息公开是必要条件。

财政信息公开是政府实行财政管理公共化和民主化的基础。通过提升财政信息公开水平可以践行公共财政的普遍原则和公平原则，保证宏观经济中财政的可持续性、政府的良好治理和财政收支的公正性。现阶段，构建公共财政实质上就是要建立公共资金信息的公开化，让社会成员可以基于公开的信息对各级行政部门的公共资金使用情况进行详细监督，从而提高公共资金的使用效率，增强行政部门的责任意识，强化公共资金的日常管理。

第四节 公共选择与财政信息公开

公共选择理论认为，经济领域和政治领域分别存在一个市场。其中，作为需求者的消费者和作为供给者的厂商在经济市场上活动，而选民与政党官员则分别作为政治市场上的需求者和供给者。经济市场的交易媒介是货币选票，政治市场的交易媒介则是民主选票。在这两个市场中，人们通过手中的选票来选择能给自身带来最大效用的物品。这些物品既可以是具体的私人物品，也可以是抽象的公共产品。由于经济市场和政治市场的活动主体是同一个理性经济人，所以不能单纯地认为个人在经济市场上是为"私"，而在政治市场上是为"公"。也正是因为各参与方都在追求自身利益最大化，所以政府失灵是必然存在的。公共选择理论还认为，所谓的社会选择只是个人选择的集合。因为个人都是理性经济人，且具备理性分析和思考的能力，所以作为社会基本单位的个人，其行动和选择是一切社会选择的起因。社会成员借助合理的社会规则可以理性决定公共产品生产的内容、程序及分配，行政部门不再被认为是能够供给充足合意公共产品的有效率的主体。鉴于此，强调个人化的公共选择势必需要民主决策程序的配合，而且还会与立法、司法、行政等内容产生关联（孔志国，2008）。

财政信息公开是实现公共选择的基本条件。个人作为公共选择理论中的基本单位，要保障个人做出理性的决策，就必须为其提供充足的信息，否则，仅凭投票规则的构建，个人并不能做出理性判断，也不能实现公共产品的有效供给。提高财政信息公开水平，有助于公民发挥主观能动性，在合意的民主决策程序下做出理性判断，进而有效提供及合理分配公共产品。

总结而言，社会契约论、公共财政理论和公共选择理论都要求政府公开财政信息，这是因为，财政信息公开不仅有助于解决市场失灵，而且还有助于解决政府失灵，更为重要的是，财政信息公开可以体现政府存在的合法性，增强政党的执政基础。基于此，实施财政透明具有重要意义。然而，在这些理论的阐述中都或明或暗地表达了政府公开财政信息存在难度。出于维护自身利益的需要，政府并不愿意主动公开财政信息。即便有理论主张政府不用公开所有的财政信息，只需把握一个"度"。

第五节 财政透明"度"的理论阐述

"度"在现代汉语中有多重含义，其中计算、推测是财政透明度的本义，无须赘言，而哲学范畴则是财政透明度的引申意义。"度"的哲学范畴是指事物保持自己质的数量界限。关于"度"的哲学思考我国自古有之，《论语·先进》："子贡问：'师与商也孰贤？'子曰：'师也过，商也不及。'曰：'然则师愈与？'子曰：'过犹不及。'"西汉时期贾谊提出"生之有时，而用之亡度，则物力必屈"（《论积贮疏》）。明朝冯梦龙在《智囊补·明智·申屠蟠》中评述道："物贵极徵贱，贱极徵贵，凡事皆然。"由此，适度性是引导事物发展方向的重要原则，财政信息公开作为政府行为尤为如此。

一般而言，提升财政透明可以增强公众与政府间的信任、提高市场主体的预测能力、减少市场波动以及加强市场主体间的协作[1]。但与此同时，财政信息公开的提升也可能存在抵消"正能量"的风险。过度的财政信息公开将导致社会出现严重的"政治化"倾向，并且降低政府调整政策的灵活性[2]，甚至如果财政信息由第三方恶

---

[1] Adam Posen, "Six Practical Views of Central Bank Transparency", Institute for International Economics Working Paper (Washington: Institute for International Economics), 2002, http://ssrn.com/abstract=312667.

[2] David Heald, "Fiscal Transparency: Concepts, Measurement and UK Practice", *Public Administration*, Vol. 81 (December), 2003, pp. 723-759.

意利用将增加社会风险。于此，财政信息公开水平与社会经济效应之间将存在两种截然不同的关系。对此，Heald（2003）进行了详细论述。图3-1显示的是不同观点的财政信息公开与社会经济效应的关系。

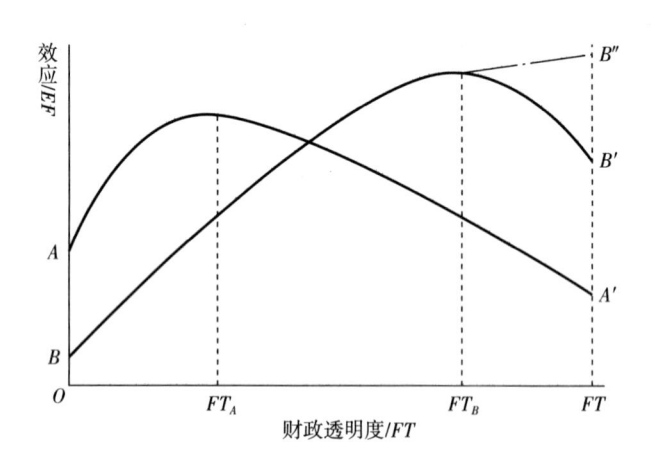

图3-1　不同观点的财政信息公开与社会经济效应的关系

其中，曲线 AA' 表示的是"悲观主义"的财政信息公开与社会经济效应的关系，而曲线 BB' 和 BB'' 则表示"乐观主义"的财政信息公开与社会经济效应的关系。显然，无论是曲线 AA'，还是曲线 BB' 都存在最优财政信息公开水平，即以财政信息公开最优值为界，当财政信息公开低于最优值时，财政透明对社会经济存在激励效应，而当财政信息公开高于最优值时，财政透明对社会经济具有抑制作用。曲线 AA' 和 BB' 出现差别的原因是因为二者所处的社会文化背景不同，导致财政信息公开的最佳水平有所区别。与其他两条曲线不同，曲线 BB'' 表示财政信息公开对社会经济仅具有激励效应。当财政信息公开水平高于 FT_B 时，社会经济并不会出现下降，反而会出现小幅上升，这种观点也被称为"超乐观主义"。

综合而言，曲线 AA' 和 BB' 所表示的财政信息公开与社会经济效应的关系更符合实际情况。这是因为，当财政信息公开水平较低时，财政透明的提升有助于增强公众的信心，确保政府政策的出台或调整获得公众足够的支持及具有灵活性；当财政信息公开水平过高时，社会将产生严重的"政治化"倾向，公民或团体为实现自身利益最大化，将对有限的公共资金展开竞争，这会不可避免地增加社会交易成本，刺激"政治扯皮"现象的发生，所以本书将以曲线 AA' 和 BB' 作为理论基础进行实证分析。至于哪条曲线更符合我国实际，尚且不知，但囿于我国省级财政透明度整体水平较低，所以省级财政信息公开对社会经济的影响应以激励效应为主。

总结而言，这一理论为政府公开财政信息画下一道"红线"，政府只要在"红线"以内公开财政信息就可以对社会经济发挥积极作用。然而，即便现有相关文献证明了"红线"的存在，但这些"红线"却并不统一，而且现实中处于"红线"以内的财政信息公开也不尽是发挥积极作用。基于此，让人不得不对财政信息公开产生怀疑——财政透明是否与现实相符？影响其功能充分发挥的因素是否与财政纾压相关？带着这种疑问，下一节将利用数理模型展开分析。

第六节 数理模型分析

为了阐明财政纾压对财政透明度的影响机理，我们将借鉴 Allers (2012) 的研究构建数理模型予以分析。首先，假设政府 i 课征财政收入的基础是 β_i；其次，假设课征基础具有的信息量是 F_i。于是，单位信息承载的课征财政收入的基础就是 $\omega_i = \beta_i / F_i$。而为了保障公众对财政资金的知情权和对政府的监督，政府 i 会在财政收入课征基础的信息量 F_i 范围内公开信息量为 f_i 的财政资金信息，即二者具有 $F_i > f_i$ 的关系。借此，政府 i 公开的财政收入课征基础可以表达为：

$$B_i = \omega_i f_i = \beta_i \frac{f_i}{F_i} \tag{3-1}$$

显然，式（3-1）中的 f_i/F_i 表示的是政府 i 公开财政信息的实际状况。在明确了这一内容后，我们可以继续假设政府 i 的财政支出为 E_i，且财政收入的课征率为 τ_i（$0<\tau_i<1$），这样二者与财政收入课征基础 β_i 构成的关系如式（3-2）所示。

$$E_i = \tau_i \beta_i \tag{3-2}$$

在向市场主体提供公共产品或服务时，假设政府会抽取一定比例的财政资金作为"租金"，我们将此定义为 ρ_i（$0 \leq \rho_i < 1$），这样政府实际支出的财政资金就为 $(1-\rho_i)E_i$。此外，假设成本指数 γ_i 是指不受政府控制的诸如人口特征等影响公共服务水平的其他因素。以这些要素假设为前提，我们可以得到公共服务水平 S_i 的表达式。而为了节约篇幅，阐释重点内容，可同时将式（3-1）变形后得到的筹集财政收入的基础 β_i 代入其中。

$$S_i = \frac{(1-\rho_i)E_i}{\gamma_i} = \frac{(1-\rho_i)\tau_i\beta_i}{\gamma_i} = \frac{(1-\rho_i)\tau_i B_i}{\gamma_i \frac{f_i}{F_i}} \tag{3-3}$$

诚然，在这些要素中，政府和公众存在明显的信息掌握差异。公众可以直观感知的要素包括成本指数 γ_i、公共服务水平 S_i、财政收入课征率 τ_i、公开的课征财政收入的基础 B_i 和财政资金信息 f_i。与公众不同，政府可以基于独特的地位掌握所有要素的信息。由此，式（3-3）可整理成式（3-4）的表达形式。

$$\frac{S_i f_i}{\tau_i B_i} \gamma_i = (1-\rho_i) F_i \tag{3-4}$$

显然，从公众的利益出发，在既定的成本指数 γ_i 下，公众期望能够在获得尽可能高的公共服务水平 S_i 和公开的财政资金信息 f_i 的同时，也能获得尽可能低的财政收入课征率 τ_i 和课征财政收入的基础 B_i，即等式左边的 $S_i f_i / \tau_i B_i$ 的值要尽可能得大。这里，我们可以将 $S_i / \tau_i B_i$ 定义为公共服务绩效。于是，上面关于公众期望的结果可

第三章 理论基础与数理分析

以转述为：面对既定的成本指数 γ_i，要实现公共服务绩效和财政信息公开的"双重"提高，就必然要降低政府 i 抽取的"租金"比例 ρ_i，或者增加财政收入课征基础的信息量 F_i。显而易见，从保护部门利益的角度出发，在这两个选项中，增加财政收入课征基础的信息量 F_i 要比降低政府抽取的"租金"比例 ρ_i 更受政府 i 的认可，所以即便式（3-4）左边的财政公开信息 f_i 足够得高，已然给政府 i 降低抽取的"租金"比例 ρ_i 发出了强烈信号，在保护部门利益的驱使下，政府 i 也会通过增加财政收入课征基础信息量 F_i 来缓解这种压力，而这种财政公开信息 f_i 和财政收入课征基础信息量 F_i 形成的同向增加恰似证明了财政纾压对财政透明度具有正向影响。因为财政纾压与财政收入课征基础信息量 F_i 存在密切的正向关系，这一点将在第五章的开篇进行阐述。

或许借由式（3-4）论证财政纾压对财政透明度的影响会稍显简单。对此，我们可以引入同类辖区的比较。这样不仅能更为直观地探究财政纾压在提升财政透明度中的作用，还可以从外溢性的角度为财政纾压影响财政透明度的研究注入新的视角。不过，在此之前，需要对式（3-4）进行再一次的声明，即公众可以通过式（3-4）左边的要素比值感知政府在抽取"租金"比例 ρ_i 和财政收入课征基础信息量 F_i 上的作为。式（3-5）是我们引入政府 j 的结果。

$$\frac{\dfrac{S_i}{\tau_i B_i}f_i\gamma_i}{\dfrac{S_j}{\tau_j B_j}f_j\gamma_j}=\frac{(1-\rho_i)F_i}{(1-\rho_j)F_j} \qquad (3-5)$$

假使式（3-5）左边的要素比值大于1，这表示政府 i 在面对成本指数 γ_i 时所公开的财政信息和实现的公共服务绩效要比政府 j 在面对成本指数 γ_j 时所公开的财政信息和实现的公共服务绩效具有优势，也即政府 i 在抽取"租金"比例和财政收入课征基础信息量上作出的安排较之于政府 j 的同类要素具有优势，具体可用式（3-6）来呈现。

$$\frac{1-\rho_i}{1-\rho_j} > \frac{F_j}{F_i} \tag{3-6}$$

不难看出，只要政府 i 能够增加财政收入课征基础信息量 F_i，使式（3-6）始终成立，那么即便是在抽取"租金"比例上较之于政府 j 的高，也不会改变其在既定的成本指数 γ_i 下所保有的财政信息公开和公共服务绩效的优势。当然，式（3-5）在被解读时存在明显的"疏忽"。因为式（3-5）左边的要素比值大于1，这其中会不可避免地受到成本指数的影响，而按照假设条件，成本指数是指不受政府控制的诸如人口特征等影响公共服务水平的其他因素，所以为了更为准确地探究财政纾压对财政透明度的影响，我们可以适当地消除成本指数的影响，即假设两个政府面对同样的成本指数（$\gamma_i = \gamma_j$）。这样式（3-5）的右边就只剩下两个政府抽取的"租金"比例（ρ_i，ρ_j）和财政收入课征基础信息量（F_i，F_j），具体可见式（3-7）。

$$\frac{\frac{S_i}{\tau_i B_i} f_i}{\frac{S_j}{\tau_j B_j} f_j} = \frac{(1-\rho_i) F_i}{(1-\rho_j) F_j} \tag{3-7}$$

在式（3-7）构建的环境下，公众只需通过对比政府间的财政信息公开和公共服务绩效就可以感知政府在抽取的"租金"比例和财政收入课征基础信息量上的作为。而要满足公众实现财政信息公开和公共服务绩效最大化的诉求，且还不触及部门利益，任何一个政府的最佳策略都是增加财政收入课征基础的信息量。至此，无论是从单一个体的角度分析，还是从外溢性的视角探究，财政纾压对财政透明度具有正向影响的结论都已具形于眼前。下文将从实证分析中汲取充分有力的论据进行支持，而为了更好地拟合现实，我们假设行政主管机关出台了财政透明制度，且财政透明制度规定的信息量是 f，其介于财政收入课征基础信息量和政府公开的财政信息之间，即 $F > f > f$。这样，式（3-7）就可以改写为如下形式：

$$\frac{\dfrac{S_i}{\tau_i B_i}\times\dfrac{f_i}{\bar{f}}}{\dfrac{S_j}{\tau_j B_j}\times\dfrac{f_j}{\bar{f}}}=\dfrac{\dfrac{1-\rho_i}{\bar{f}}}{\dfrac{1-\rho_j}{\bar{f}}} \qquad (3-8)$$

在式（3-8）中，$f_i/\bar{f}$（$f_j/\bar{f}$）表示的是政府 i（政府 j）的财政透明度，而 $\bar{f}/F_i$（$\bar{f}/F_j$）则表示的是财政透明制度对政府 i（政府 j）的财政收入课征基础信息量的"制约"。显然，式（3-8）所呈现的财政纾压对财政透明度的影响更为直观。在公共服务绩效既定的情况下，政府完全可以在提高财政透明度博得公众认可的同时，增加财政收入课征基础信息量来摆脱财政透明制度的"制约"，且还能维护自己的"租金"比例不被降低。换言之，式（3-8）可以解读出两个结论：①财政纾压对财政透明度具有正向影响，且这种正向影响具有外溢性。②财政纾压对财政透明度的影响越显著意味着财政透明制度的约束越弱。至此，本书的数理分析就已完成，后续的章节将以此为据展开实证分析。

第四章 地方财政透明的概况

统计工作的开展能够为利益主体的决策提供重要的参考依据，所以从某种意义上讲，统计数据的形成类比于一种情报。而对于财政透明而言，在已然具有了诸如《国际公共部门会计准则》(*International Public Sector Accounting Standards*)、《财政透明度良好做法守则》(*Code of Good Practices on Fiscal Transparency*)和《政府财政统计手册》(*Government Finance Statistics Manual*)等指导文件的前提下，衡量财政透明就成为趋势所为。借助财政透明度数据，不仅可以让相关利益主体掌握政府部门实施财政收支的状况，产生合理的市场预期，还能规范政府行为，提高财政资金使用效率。在统计财政透明的工作上，上海财经大学和清华大学的表现较为突出。两所高校分别对我国省级、市级的政府财政信息公开状况进行了调查，并形成了较为可观的数据量，这些都为本书的研究奠定了坚实的基础。与此同时，秉持着科学研究应勇于创新的精神，本书将以两所高校的调查为借鉴，对选定省域内的县级政府公开财政信息的状况进行调查，并以统计的数据为基础利用实证分析探讨财政透明在县级层面的财政纾压中具有的功能，进而补足主题所设定的"地方"范畴研究。

第四章 地方财政透明的概况

第一节 省级财政透明度的概况

2009—2018年,上海财经大学每年都会发布一份针对全国31个省份的财政信息公开状况的《中国财政透明度报告》[①]。在这些报告中,课题组借助自己设立的调查体系对各省份进行了评估调查,并形成了最终数据,本书采用的数据也源于此。由于这些数据具有至关重要的作用,不仅有助于我们了解省级财政透明度的状况,还有助于分析财政透明在省级层面纾解财政压力的功能,所以有必要全面了解课题组对省级财政透明度的调查。

一 省级财政透明度的调查框架

在课题组设计的省级财政透明度调查框架中,共包括三个部分,分别是调查提纲、基本方法和评分标准三个部分。其中,在调查提纲的设计上,课题组没有过多地关注可获得财政信息的规范性和及时性,而是将调查的重点放在财政信息的全面性、系统性、详细性以及连续性上,这是因为我国政府发布数据存在一定程度的时滞,所以各年的调查对象都是以前年份的省本级财政决算数据。

为了实现调查信息的全面性,课题组设计了一个尽可能涵盖所有财政信息的指标框架。2009—2012年,指标框架只包括政府基金、社会保障基金和国有企业基金,到2013年则将一般预算基金也纳入其中。至此,调查提纲尽可能包含了社会公众委托行政部门管理的所有资金的信息。为实现可获得财政信息的系统性,课题组以企业经营为参考,将考察财政信息的角度从只关注行政部门的收入与支出转向收入与支出和资产与负债并重。由此,社会公众和立法部门可以从基金的流量和存量的角度系统地考察省级行政部门资金的运行状况。在实现可获得财政信息的详细性上,课题组对一般预

[①] 2018年后,上海财经大学课题组不再更新《中国财政透明度报告》。

算基金、政府基金、社会保障基金和国有企业基金的信息进行了细分。其中,一般预算基金信息强调的是行政部门的预算收支和资产负债的信息;政府基金信息不仅包含行政部门的资金信息,还包括具体单位的收入、支出、资产和负债的状况;社会保障基金信息包含不同性质的社保项目的资金状况;国有企业基金信息则强调的是企业集团和集团下属企业的详细财务状况。从总体上看,课题组设计的指标框架是对省级财政信息详细全面收集,有助于社会公众和立法部门对行政部门的资金状况进行细致监督,可以作为省级财政透明度的最佳描述指标来使用。表 4-1 显示的是 2009—2018 年《中国财政透明度报告》调查提纲的设计概况。

表 4-1　2009—2018 年《中国财政透明度报告》调查提纲的设计概况

指标框架	年份	调查对象	与上年对比存在不同的项目
1. 政府基金（1—66） 1.1 预算收支（1—49） 1.2 预算外收支（50—59） 1.3 政府部门资产负债（60—66） 2. 社会保障基金（67—96） 3. 国有企业基金（97—113） 4. 回复态度（114）	2009	2006 年省本级财政的决算数据	—
	2010	2007 年省本级财政的决算数据	项目 2、3、9、10、14、16、26、30、35、36、37、38、39、44、51、55、56、92
	2011	2008 年省本级财政的决算数据	项目 44、68
	2012	2009 年或 2010 年省本级财政的决算数据	项目 2、3、9、10、14、16、28、51、55、56
1. 一般预算基金（1—50） 1.1 政府预算（1—38） 1.2 部门预算（39—50） 2. 政府性基金（51—67） 3. 社会保险基金（68—97） 4. 国有企业基金（98—113） 5. 回复态度（114）	2013	2011 年省本级财政决算数据	—

第四章
地方财政透明的概况

续表

指标框架	年份	调查对象	与上年对比存在不同的项目
1. 公共预算 2. 政府性基金预算 3. 财政专户预算 4. 国有资本经营预算 5. 政府部门资产负债 6. 部门预算及相关信息 7. 社会保险基金 8. 国有企业 9. 被调查者态度	2014	2012年省级政府财政决算数据	调查问卷不再采取113个问题的形式，而是以财政部统一颁发、要求编制的表格为主，辅之以课题组设计的决算表格共同构成
	2015	2013年省级政府财政决算数据	—
	2016	2014年省级政府财政决算数据	—
	2017	2015年省级政府财政决算数据	—
	2018	2016年省级政府财政决算数据	—

由表4-1可知，课题组虽然对指标框架进行了一些调整，但总体上仍属于同一脉络，省级政府的财政决算信息基本得到全覆盖，所以调查形成的财政透明度数据具有较强的稳定性、可比性。同时，从实际出发，课题组对调查框架进行的适时调整，增强了财政透明度数据的可信性。在2014年前，课题组设计的调查问卷共包括113个问题。根据财政信息公开的"一事一申请"规定，为收集全面的财政信息，课题组需要发出113份申请，这无形中会增大课题组的工作量，也就可能导致财政信息收集不全面等问题的出现。而从2014年开始采用规范化表格形式收集财政信息数据则避免了这些问题的出现。规范化表格能够为相关利益主体提供"一站式"的信息呈现，在节约课题组工作投入的同时，也提升了信息的可信度。除此之外，调查对象的年份与调查年份的间隔在不断缩小。2009—2011年，课题组调查的对象均是前三年的省本级财政决算数据，2012年则是结合了前三年及前两年的省本级财政决算数据，到2013年开始，调查对象改为前两年的省本级财政决算数据。这种调查对

◇ 地方财政纾压对财政透明度的影响研究

象的年份与调查年份的缩短表明省级财政透明度调查的及时性有所加强。

在省级财政透明度调查的方法上，课题组以《中华人民共和国政府信息公开条例》（以下简称《政府信息公开条例》）、《中华人民共和国预算法》（以下简称《预算法》）为法规依据，基于普通公民的身份向各省级政府信息公开机构①发出电子邮件和挂号邮政信函申请公开调查提纲包括的各个项目的信息；同时，为了更全面地收集省级财政信息，课题组还组织人员通过网络、政府公开出版物等媒介进行搜索。

在具体赋分上，由于课题组以2014年为界对调查框架进行了调整，所以其赋分规则发生了些许变化。2014年前，课题组设计的调查框架共包括113个项目指标和1项态度指标。其中，项目指标的赋分规则是当课题组收集到项目指标的信息时，需要将实际获取的信息量与应得信息量进行比较，以其比值确定项目指标的实际得分，并乘以10将其标准化②。每个项目指标的满分为10分，所以项目指标的总分是1130分。态度指标的总分为50分，其赋分规则是当课题组收到某一调查对象的四个部门中的两个及以上部门回复时，可得满分50分；若只有一个部门作出回复时，可得25分；而假使调查对象的四个部门都没有给出回复，则该调查对象的态度指标得分为0。至此，课题组在2014年以前设计的调查框架总分为1180分。为方便相关主体的使用，可将其转为百分制。2014年及以后，课题组采用权重的思路实施了赋分，具体可参见"省级财政透明度调查指标体系构成（2015）"③。

---

① 2009年被调查的部门是省信息公开办公室和财政厅，2010—2013年则是省信息办公室、财政厅、国有资产管理委员会、人力资源与社会保障厅。

② 上海财经大学：《中国财政透明度报告（2010）》，上海财经大学出版社2010年版，第70页。

③ 上海财经大学：《中国财政透明度报告（2015）》，上海财经大学出版社2015年版，第3页。

第四章 地方财政透明的概况

表4-2　省级财政透明度调查指标体系构成（2015）

序号	一级信息要素	一级权重（%）	二级信息要素个数
1	一般公共财政决算	25	28
2	政府性基金决算	8	27
3	财政专户管理资金决算	4	27
4	国有资本经营决算	2	27
5	政府资产负债	9	7
6	部门决算	15	26
7	社会保险基金决算	19	14
8	国有企业信息	15	8
9	态度	3	2
	合计	100	166

除了一级信息要素具有权重外，这里的二级信息要素也都有各自的权重，限于篇幅，不做呈现。而为了明晰财政透明的衡量方法，我们以政府性基金决算的透明衡量为例进行阐释。在课题组调整的调查框架中，政府性基金决算信息共包括27个二级信息要素。其中，涉及省总决算信息9项，省本级决算信息、地市本级决算汇总信息、县本级决算汇总信息、乡级决算汇总信息、各地市本级决算信息和各县本级决算信息各3项。在权重赋值上，除了9项省总决算信息的权重为2外，其他的二级信息要素权重都为1。于是，当某一省份公开的政府性基金决算信息中只有省总决算信息时，该省份在政府性基金决算上可获得的透明度分值就为50分（18÷36×100）。以此类推，我们可以计算出其他的一级信息要素的分值，然后予以汇总，利用表4-2中给出的权重得出调查对象的财政透明度总分。

总结而言，借由调查框架和评分标准的调整，可以简化课题组的调查，从横向和纵向两个维度丰富省级财政透明度的内涵，提升调查结果的权威性。而这也将为本书后续实证分析和经济含义阐释提供有力的支持。

二 省级财政透明度的描述统计

为了直观了解省级财政透明度的基本情况,我们将借助图形、数学方法等描述性统计予以阐释。首先,图4-1给出的是我国大陆地区31个省份2009—2018年的财政透明度变动图。

由图4-1可知,31个省份十年间的财政透明度整体上呈现较低的水平,分值多集中在20—40分,这表示多数省份在一般情形下仅公开了课题组要求财政信息的20%—40%,省级政府在提升财政信息公开上仍有较大的空间。从变动趋势上看,"波动"与"上升"是31个省份财政透明度十年间呈现的主要特征。以海南省为例,在这十年间,该省的财政透明度表现得尤为"波动"。从2009年仅有15.78分,位列31个省份的第28位;到2013年,达到77.7分,高居各省份的首位;再到2017年又降低到36.64分,只列31个省份的第25位。"波动"所折射出的是省级政府在公开财政信息上缺乏"严肃性"。与"波动"的特征相比,"上升"或许是这十年间31个省份财政透明度变动最能让人感到欣慰的成绩,因为"上升"意味着省级政府对财政信息公开工作的重视在增强。分阶段来看,2014年后,省级财政透明度变动呈现的"上升"态势更为显著。由于这一阶段课题组对调查框架进行了横向和纵向的调整,使调查数据更能客观呈现各省份的财政信息公开状况,所以我们认为在此阶段内出现的财政透明度"上升"趋势更能说明省级政府对财政信息公开工作重视的增强。

其次,为从不同角度掌握省级财政透明度的基本情况,下文将从年份的视角给出省级财政透明度的描述性统计,具体内容如表4-3所示。从平均值和中位数的变动趋势来看,省级财政透明度的整体水平是不断上升的,这一点与图4-1的结论一致,即我国省级财政信息公开的进程整体上是向前的。不过,这也不能掩盖财政透明度在省际间存在显著差异的事实。通过对比同一年份中省级财政透明度的最大值与最小值我们可以发现,省际间的财政透明度差距最小是27.91分(2011年),最大可以达到63.7分(2013年),这一

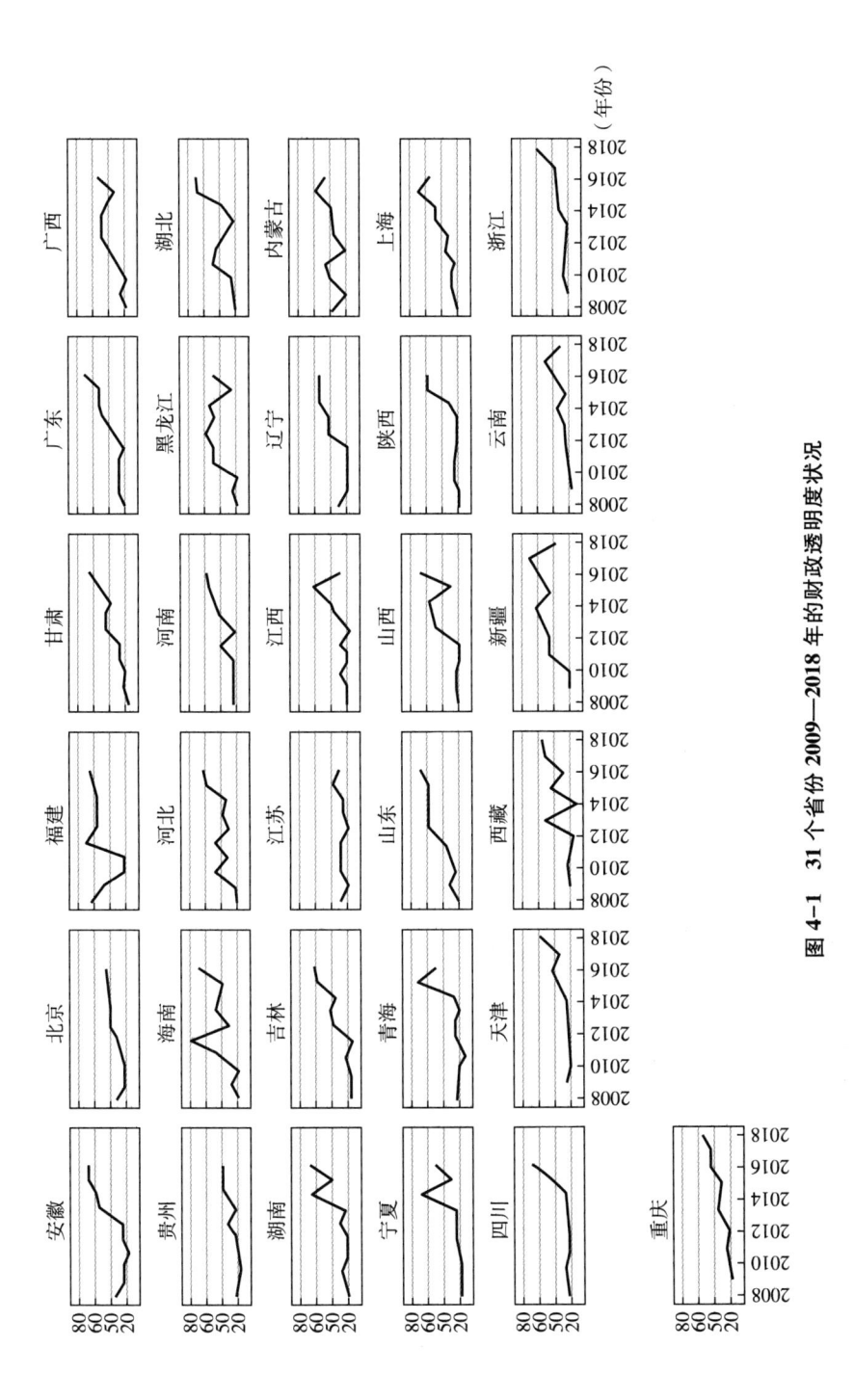

第四章
地方财政透明的概况

图 4-1 31 个省份 2009—2018 年的财政透明度状况

◇ 地方财政纾压对财政透明度的影响研究

最大差距足以保证一个省份在各年的财政透明度排名中获得不错的"成绩"。而且不容忽视的是，这些分值差距的计算是在百分制下完成的。若直接采用省级财政透明度的原始分值进行比较，那么其差距会更大，这一点也可以通过变异系数的数值得到印证。数据显示，各年的省级财政透明度变异系数都在0.2以上，这明显大于统计学中约定的0.15的数据离散评判值，表示各年的省级财政透明度数据并不集聚。当然，2009—2018年，省级财政透明度的变异系数整体上呈现降低的状态，这表示省际财政透明度差异是趋于缩小的。

表4-3　　　　2009—2018年省级财政透明的描述性统计

年份	平均值	最大值	最小值	中位数	变异系数
2009	21.71	62.66	14.79	19.03	0.42
2010	21.88	50.41	15.37	20.28	0.28
2011	23.14	43.65	15.74	21.76	0.30
2012	25.33	45.20	14.19	22.58	0.36
2013	31.40	77.70	14.00	24.18	0.48
2014	32.68	59.37	11.52	30.06	0.38
2015	36.04	57.01	19.44	36.92	0.31
2016	42.25	65.53	23.71	41.33	0.28
2017	48.26	70.01	25.50	49.89	0.27
2018	53.49	69.38	26.98	54.41	0.24

至此，我们已完成了基于空间和时间维度的省级财政透明度的一般特征的总结。"整体水平低""波动""上升"与"省际差异"成为省级财政透明度特征的关键词。而为了在后续的实证分析中进行稳健性检验，以此增强论证结果的说服力，我们还可以引入区域的视角对省级财政透明度的特征进行阐释。

一般而言，我国大陆地区31个省份可以划分为东部、中部、西部三个区域。其中,东部地区包括北京、天津、河北、山东、江苏、上海、浙江、福建、广东、辽宁和海南;中部地区包括黑龙江、吉林、山西、河南、湖北、安徽、江西、湖南;西部地区包括内蒙古、陕西、宁夏、重庆、贵州、广西、云南、四川、青海、甘肃、新疆和西藏。这种区域的划分是以地理位置为基础结合政策制定达成的结果,已在多数研究中被采用。有鉴于此,本书将在省级和市级财政透明度的区域特征分析中适用这一区域划分。图4-2给出的是2009—2018年东部、中部、西部三个区域省级财政透明度的箱线图。

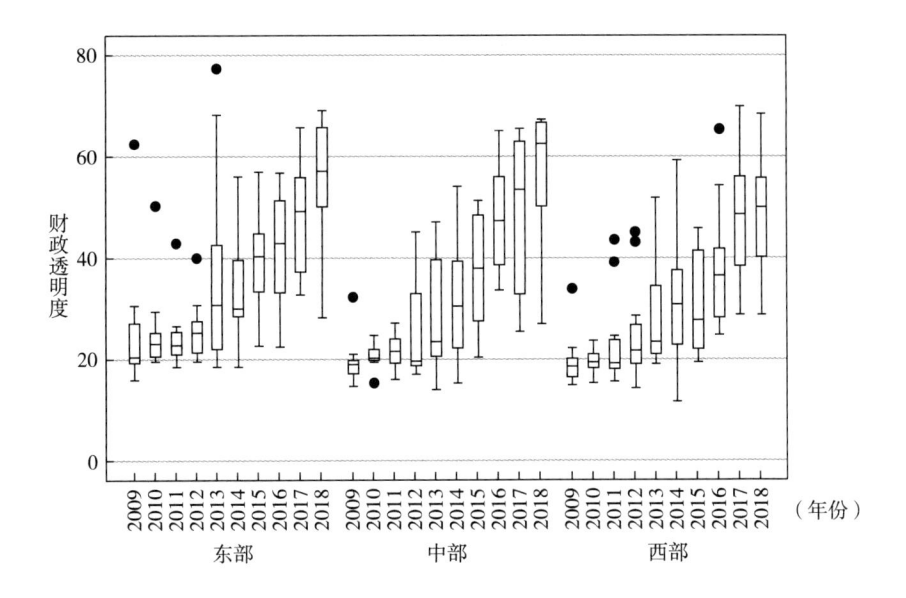

图4-2 省级财政透明度的区域箱线图

就图4-2而言,西部区域的省级财政透明度的增长趋势对全国省级财政透明度的逐年增长的贡献是最小的,这一点可以从西部区域省级财政透明度的中位线和箱体的变动位置要比其他两个区域的平缓中得到证明。从箱体的大小来看,西部区域的省级财政透明度是三个区域中最为集中的。因为在东部区域和中部区域的某些年份，箱体出现明显的扩大，这说明在这些年份中的省级财政透明度是较为分散的，也就表示全国省级财政透明度具有的"波动"特征可能来自于东部和中部的省份。除此之外，省际间存在差异也可循此一目了然。

以上这些是基于区域视角进行的省级财政透明度的特征阐释，将为我们后续分析奠定坚实基础。而从"外溢性"角度来看，省级财政透明度则表现出明显的"扩散性"。以省级财政透明度均值为例，其"高地"基本出现在东部地区，包括福建、山东、安徽等省份。以这些省份为起点，在向其他内陆地区延伸的过程中，省级财政透明度的均值逐渐呈现降低的趋势，直至财政透明度均值的"洼地"出现在云南、贵州等省份。当然，这里需要注意的是新疆的财政透明度均值表现，与福建、山东等省份的财政透明度均值相呼应，也呈现出"高地"的状态。不过，鉴于新疆财政透明度均值与毗邻省域形成鲜明对比，我们认为其应是一种特殊情况，且不会影响我们对省级财政透明度存在由东向西降低"扩散"的判断。

总结而言，特征的归纳为我们用简单的语言描绘了省级财政透明度的基本状况，也为我们后续探究地方财政收入课征基础信息量的状况提供了分析框架。而这一切的达成都是建立在由上海财经大学调查形成的省级财政透明度的数据基础之上。从全面性上讲，省级财政透明度的指标体系虽然没有覆盖到省级部门的所有财政信息，但也实现了省级政府财政活动的最大范围覆盖，这使得该项指标框架获得的数据具有较强的代表性。从连续性讲，上海财经大学对省级财政透明度的数据收集保持了较好的连贯性，按年份2009—2018年连续公开了31个省份的财政透明度状况，这在衡量财政透明度的研究上实属不易，也为本书的研究提供了基本工具。在及时性上，虽然省级财政透明度的调查对象主要是以前年份的财政决算信息，但是到2012年和2013年，项目组开始将调查对象由前三年的省本级决算数据转为前三年及前两年的省本级决算数据，由此可以看出，省级财政透明度在及时性原则上推进了一步。从稳定性上讲，虽然省级财政透明度的指标体系做出一些调整，但是从总体上看，这些调整非但没有破坏指标体系的整个框架，反而使指标体系更具详细性，在整体上也保持了连贯性，这有助于我们进行各年数据的比较。当然，如果严格以财政透明度原则来审查省级财政透明度数据的话，那么确实会存在一些问题，但瑕不掩瑜，这些数据在研究我国省级财政透明度的状况上具有里程碑式的意义，是我们分析省级层面财政纾压如何影响财政透明度的基础数据。

第二节　市级财政透明度的概况

同样为了响应《中华人民共和国政府信息公开条例》（以下简称《政府信息公开条例》）的实施，清华大学于2012年开启了市级政府财政透明度的调查，时至今日，已然累积了十余年的市级财政透明度数据。借助这些数据，我们可以分析市级层面财政纾压如何影响财政透明度。下面将用简约的篇幅介绍清华大学2012—2020年开展的城市财政透明度调查与结果。

一　市级财政透明度的调查框架

作为调查工作的组成部分，调查框架的设计是所有组成部分的核心，其能否满足调查者的诉求和客观描述现实是决定调查工作质量的关键。就此，课题组在开展市级政府财政信息公开调查时对调查框架进行了适时的修正。起初，课题组设计的调查框架较为简单，仅包括八项内容，分别是：①是否公布了政府的结构和职能；②是否公布显示了政府与其他公共部门的关系图；③是否公布了2011年预算内财政报告；④是否公布了政府性基金、土地出让金、债务、三公消费情况；⑤是否公布了2010年预算执行情况报告；⑥是否公布了2010年决算报告；⑦是否公布了2010年预算会计基础（现金制/收付制）以及编制和介绍预算数据所使用的标准；⑧是否公布了预算外活动、债务和金融资产或有负债和税收支出信息。虽然该调查框架包含的项目较少，但也力图体现财政信息公开的完整性、便利性与及时性。只是囿于现实的复杂，这一调查框架的设计明显过于简单。到第二年，为了更好地契合现实状况，课题组对调查框架进行了修改，引出了"全口径财政透明指标体系"。这一调查指标体系较之于2012年的版本要复杂得多，但却实现了财政信息公开在完整性上的进步，能够更为准确地反映市级政府在财政信息公开方面所做的努力。自此，在以后年份的调查中，课题组都以这一调查框架为基础实施了财政透明度衡量。不过，2013年的调查框架较之于其他年份要简洁一些，由此形成的数据也较为片面，所以从数据的可比性出发，本书仅选取2014—2020年的调查数据作为研究对象，而表4-4也只给出了2014—2020年的调查提纲的设计概况。

表4-4　　　　市级财政透明度调查提纲的设计概况

一级指标	二级指标	2014年[a]	2015年	2016年	2017年	2018年	2019年	2020年
机构公开	市级政府机构	√	√	√	√	√	√	√
	市级非政府机构	√	√	√	√	√	√	√
	市属企、事业单位	√	√	√	√	√	√	√
财政报告和数据	上一年预算执行	√	√	√	√	√	√	√
	本年预算草案	√	√	√	√	√	√	√
	本年部门预算公开			√	√	√	√	√
其他财政信息	政府性债务		√	√	√	√	√	√
	三公经费	√	√	√	√	√	√	√
	产业投资基金				√	√	√	√
	PPP项目				√	√	√	√
	大额专项资金	√	√	√	√	√	√	√
	政府采购	√	√	√	√	√	√	√
	地方投资公司					√	√	√
	事业单位预算公开					√	√	√
	预算编制说明	√	√	√	√	√	√	√

续表

一级指标	二级指标	2014年[a]	2015年	2016年	2017年	2018年	2019年	2020年
三大原则	一站式服务			√	√	√	√	√
	全口径			√	√	√	√	√
	用户友好			√	√	√	√	√
	总分	540	630	650	670	730	675	690

注：a. 2014年还要求公布2012年预算执行情况、2013年预算草案、2012年决算和2013年决算。

由表4-4可知，课题组对市级政府财政透明度的调查框架进行了不断的修改，其中"其他财政信息"被修改的幅度较大。随着调查框架项目的逐步丰富，由此形成的财政透明度数据的可信性也在不断升高，这为我们作出客观分析奠定了坚实的基础。从全面性上看，该调查框架覆盖的市级政府财政信息较为广泛。不仅涉及预算机构或部门的基本情况，还包括总括性的财政报告和一些具体项目。公开这些财政信息将为受众群提供较为清晰的财政资金去向，特别是在一些敏感性财政资金的使用上，公开财政信息可以降低公众对政府部门的不信任，夯实执行基础。从稳定性上看，虽然调查框架的二级指标调整内容较多，但仍限定在由"机构公开""财政报告和数据""其他财政信息""三大原则"等构成的主体框架内，而且对新增的二级指标的赋分也不会过高，所以调查框架具有较高的稳定性，不会影响同一调查对象各年间财政透明度的比较。从及时性上看，该调查框架的表现较好。2014—2020年课题组都将上一年预算执行和本年预算草案列为调查内容。相较于将更早的财政信息作为调查内容，这能为受众群作出及时、准确的决策提供重要参考。

总之，虽然调查框架的调整会增加课题组的工作量，但从更为具体的项目着手进行的指标丰富可以提升调查结果的权威性。而这也是本书后续进行实证分析和经济学阐释的重要基础。

二 市级财政透明度的描述统计

同样，为了直观了解市级财政透明度的基本情况，下文将利用数学方法、图形等描述性统计予以阐释。首先，图4-3给出的是我国大陆地区288个城市①2014—2020年财政透明度的密度直方图。

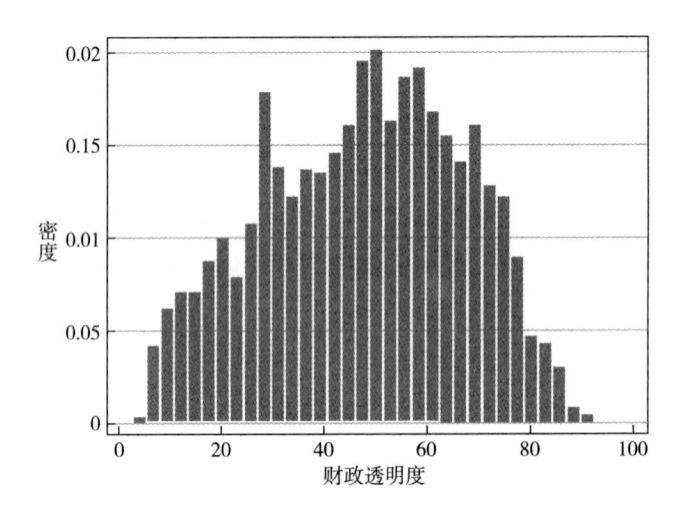

图4-3 市级财政透明度的密度直方图

由图4-3可知，市级财政透明度的提升仍有较大的空间，这一点可以借由其密度的峰值出现在50分处得到验证。同时，50分以下的市级财政透明度密度变动较之于50分以上的要缓和一些，这表示低于50分的市级财政透明度的分布较为平均。换言之，低水平是市级财政透明度的"主流"。当然，我们也不能就此忽视了高分值市级财政透明度的存在。在60—80分的区间内，市级财政透明度的密度较高且差别不大，这可能暗示某一些城市具有稳定且"亮眼"的财政透明度成绩。为了验证这种猜想，下文将给出288个城市财政透明度的平均值与变异系数的散点图（见图4-4）。

---

① 在《2014年中国市级政府财政透明度研究报告》中，课题组的调查对象共包括289个城市（4个直辖市和285个地级市）。由于2019年1月山东省莱芜市被撤销划入济南市，所以本书的市级财政透明度研究对象也就调整为288个城市。

第四章 地方财政透明的概况

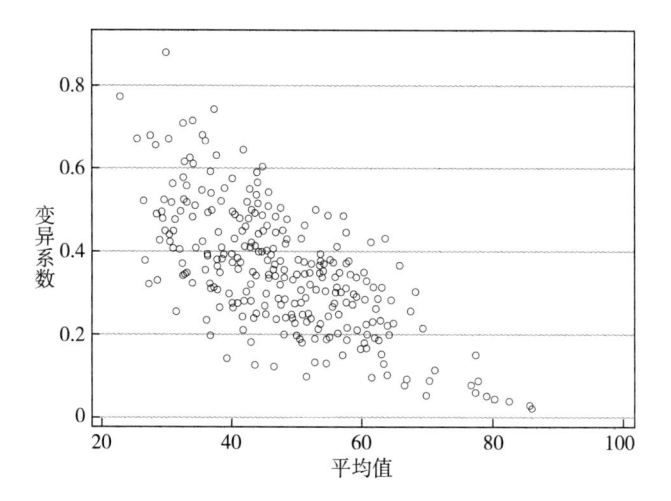

图 4-4　市级财政透明度的平均值与变异系数的散点图

显然，在 80 分的周围存在这样一些城市。它们的财政透明度平均分值较高，变异系数却较低，这表示这些城市在财政信息的公开上具有亦如上述猜想的情况。不过，从另一个角度讲，这些城市的突出表现并不足以掩盖市级财政透明度整体上存在不稳定变动的事实。借由上图可知，占据多数的分值处在 30—60 分的城市的财政透明度变异系数基本都在 0.2 以上。当一组数据的变异系数超过 0.15 时，就表示该组数据存在明显的离散情况。至此，我们完成了基于空间视角的市级财政透明度一般特征的总结。为了全面了解市级财政透明度的基本情况，下文还将从时间视角予以探讨（见表 4-5）。

表 4-5　2014—2020 年市级财政透明度的基本统计

年份	中位数	变异系数	最大值	最小值
2014	29.70	0.54	85.28	5.19
2015	38.06	0.43	86.51	8.62

◇ 地方财政纾压对财政透明度的影响研究

续表

年份	中位数	变异系数	最大值	最小值
2016	47.58	0.41	86.31	2.77
2017	51.37	0.36	84.63	6.04
2018	52.20	0.38	83.59	5.63
2019	56.72	0.30	85.87	8.57
2020	63.87	0.26	92.15	10.00

由表4-5可知，市级财政透明度从中位数的变动来看呈现逐年上升的趋势。2014年，288个城市的财政透明度中位数为29.7分。此后，该统计值不断提高，到2020年，已然达到63.87分，增幅超1.15倍。在中位数变动呈现逐年上升的同时，各年的市级财政透明度变异系数却在不断降低，这表示市级财政透明度的年度状态正趋于集聚。而与这种集聚状态相伴的是市际间财政透明度存在显著的差异。除了市级财政透明度的年度最大值与最小值之差基本保持在80分左右可以证明市际间财政透明度差异的存在，年度变异系数的最小值高于0.2也可以佐证市际间财政透明度差异的存在。

至此，关于市级财政透明度的特征总结就已基本完成。与省级财政透明度的特征"关键词"一致，"整体水平低""不稳定""上升"与"个体间存在差异"也是市级财政透明度的主要特征。而为了进一步明确财政透明的状况，在以后的研究中实施稳健性检验，该节将适用第一节中确定的区域划分对市级财政透明度的特征进行进一步阐释。依据东部、中部、西部的区域划分，我们所研究的城市归属区域状况如下：东部区域和中部区域各包括100个城市，西部区域则包括88个城市。图4-5给出的是基于区域视角的2014年—2020年市级财政透明度的中位数和变异系数的折线图。

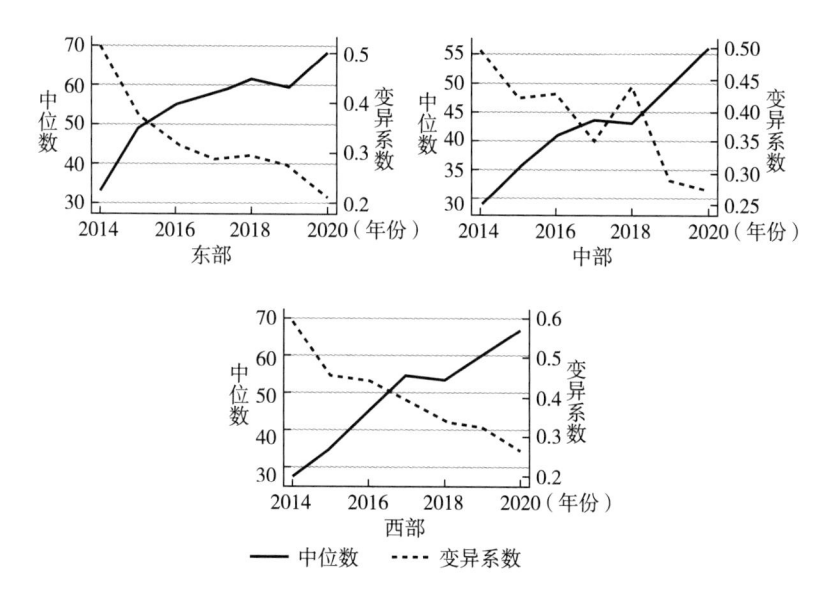

图 4-5　市级财政透明度描述统计值的区域折线图

之所以选择中位数和变异系数作为指标解读市级财政透明度在区域视角下的特征是因为二者能够反映一组数据的整体状况和稳定性。从绘制结果来看，三个区域的市级财政透明度都呈现出上升的趋势，其中东部区域和西部区域的市级财政透明度增长最为明显，这可能暗示这两个区域引领了全国市级财政透明度的增长。当然，这并不是否定中部区域市级财政透明度取得的成绩。因为从变异系数来看，西部区域的市级财政透明度变动要明显比中部区域的强烈，对全国市级财政透明度增长的扰动也会较强。同时，值得一提的是，三个区域的市级财政透明度变异系数均呈现下降的趋势，这表示各区域内的市级财政透明度正趋向于"集聚"状态。有鉴于此，在后续的实证分析阐释时，应充分注意这种情况。而考虑到本文的创新点之一是引入"外溢性"视角探讨地方财政纾压对财政透明度的影响，我们还可以对市级财政透明度的均值空间布局进行探讨，以此得到地方财政纾压对财政透明度的空间影响的初步判断。

囿于缺失一些西部城市的数据，所以从整体上看，作为研究对象的 288 个城市的财政透明度均值并没有呈现出明显的由东向西的渐层降低。不过，与省级财政透明度均值大小的空间布局相比，还是存在一些相似之处，譬如东部地区仍是财政透明度均值出现的"高地"，主要集中在长三角地区、珠三角地区、京津冀地区和山东半岛。具体而言，在长三角地区，上海市的财政透明度均值为82.36分，杭州市77.37分，宁波市69.28分，温州市67.3分，嘉兴市65.66分；在珠三角地区，广州市的财政透明度均值为85.6分，珠海市77.71分，深圳市68.07分；在京津冀地区，北京市的财政透明度均值为85.85分，天津市80.14分；在山东半岛，滨州市的财政透明度均值为71.1分，青岛市70.3分，济南市69.76分，潍坊市66.65分。诚然，这里限于篇幅我们仅给出了各区域中市级财政透明度均值位居前列的城市。以这些城市为原点，结合周边其他城市的财政透明度均值，我们还可以观察到另一个相似点，即市级财政透明度存在"扩散性"。这种"扩散性"的范围与程度较之于省级财政透明度的更为明确，将为我们分析市级财政纾压对财政透明的空间影响提供更为细致的论据。

第三节　县级财政透明度的概况
——以陕西省为例

一　调查设计

（一）调查时间、对象与方法

本次调查从2022年7月10日开始，到2022年8月10日结束，总历时一个月。由调查小组通过访问政府网站的方式对陕西省107个县区的2020年度财政信息公开进行调查评分。而之所以选择陕西省作为研究对象是因为陕西省作为西部重要省份，对区域经济发展具有显著的带动作用。研究陕西省县区财政透明度不仅可以明晰财政信息公开在基层的实施状况，为完善财政透明制度提供参考依据，还可以厘清财政透明功能，推动地方社会经济发展。

（二）调查的具体执行和安排

在调查的具体执行上，本书首先按照《财政透明度良好做法守则》等提出的原则，以上海财经大学和清华大学的调查体系为参考，综合考量了实施调查工作的可行性，设计出符合陕西省现实的县级财政透明度调查框架。调查框架共包括两级指标。其中，一级指标共设有四项，分别是"机构公开""财政报告""及时性原则"和"其他财政信息"等；二级指标则是以一级指标为导向设计了十一项内容。调查框架的满分为100分，具体赋分如表4-6所示。

表4-6　　　　　　　县级财政透明度的调查框架

一级指标	二级指标	分值	评分标准
机构公开	县级政府机构	5	若公开了所有的政府机构，可得5分；若公开了部分的政府机构，可得3分；若没有公开，得0分
	县属企、事业单位	5	若公开了所有的县属企、事业单位，可得5分；若公开了部分县属企、事业单位，可得3分；若没有公开，得0分
财政报告	2021年预算草案	10	若有完整的报告，可得10分；若只有连接，查询不到完整的报告，可得5分；若查询不到任何信息，得0分
	2020年预算执行情况	10	
	2020年决算	10	
及时性原则	2021年预算草案公开时间	10	按照《预算法》第十四条规定，以本级人民代表大会或者本级人民代表大会常务委员会批准后的二十日为限。若报告公开时间在批准的二十日内，可得10分；若超过二十日且在四十日内，可得5分；若超过四十日，得0分
	2020年预算执行情况公开时间	10	
	2020年决算公开时间	10	
其他财政信息	2020年政府性基金预算和预算执行情况	10	若公开了预算和预算执行情况，可得10分；若只公开了其中一项，可得5分；若没有公开，得0分
	2020年国有资本经营预算和预算执行情况	10	
	2020年社会保险基金预算和预算执行情况	10	
满分		100	

◇ 地方财政纾压对财政透明度的影响研究

在设计出县级财政透明度调查框架后，借由指导暑期社会实践的机会组织学生协助完成调查评分任务。为了均衡调查工作压力，保证调查结果的质量，共组织四位同学，每位同学至少负责 25 个县区的财政透明度调查评分。这里囿于篇幅所限，不会在正文中罗列调查结果，读者可自行到附录处查看具体分值①。

二 调查分析

由于县区财政透明度属于截面数据，且调查框架设计较为简单，所以对陕西省县区财政透明度的分析将不会过于复杂。在分析的内容上，除延续上文的思路探讨县区财政透明度的一般特征和区域特征外，还将着重阐述调查框架中各项指标的情况。图 4-6 给出的是陕西省 107 个县区财政透明度调查框架中各项指标均值的雷达图。

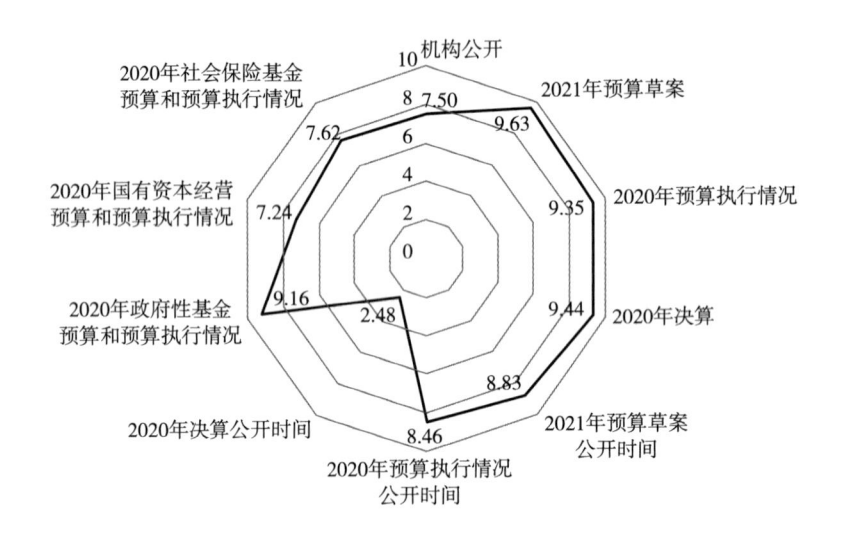

图 4-6 各项指标均值的雷达图

由于二级指标中的"县级政府机构"和"县属企、事业单位"的赋分都为 5 分，为了与其他二级指标相比，这里将二者合并，以

---

① 附录分为两部分，一是陕西省 107 个县区 2020 年财政透明度的调查结果，二是各县区获得分数的原始链接。

"机构公开"的名义进行分析。从调查结果来看，陕西省107个县区在公开调查框架要求的内容上整体表现不错。其中，公开"2021年预算草案"的得分最高，平均得分达到9.63分；除此之外，在"2020年预算执行情况""2020年决算"以及"2020年政府性基金预算和预算执行情况"上，陕西省县区的平均得分也都能达到9分以上。与这些指标相比，陕西省县级政府在"机构公开""2021年预算草案公开时间"和"2020年预算执行情况公开时间"上的平均得分要稍低一些，三者的平均得分分别为7.5分、8.83分和8.46分。当然，这还不是陕西省县级政府在调查框架中的最低得分。如图4-6所示，"2020年决算公开时间"的平均得分仅有2.48，这表示陕西省的所有县级政府基本上没有在本级人民代表大会或者本级人民代表大会常务委员会批准后的四十日内公开"2020年决算"报告，存在严重的拖延公开问题。这里还需阐述一下"2020年国有资本经营预算和预算执行情况"与"2020年社会保险基金预算和预算执行情况"的平均得分。作为"四本账"中的"两本账"，陕西省县级政府在这两项指标的公开上表现尚可，但与"2020年预算执行情况"以及"2020年政府性基金预算和预算执行情况"的平均得分相比，还是存在明显的差距，这说明陕西省县级政府在财政信息公开上仍存在有悖于全面性原则的问题。而除了从整体上观察陕西省县级财政透明度外，还可以基于城市的视角进行探讨。表4-7给出的是城市视角下陕西省县区财政透明度的描述性统计结果。

表4-7 城市视角下的陕西省县区财政透明度的描述性统计结果

城市	平均值	最大值	最小值	变异系数
西安市	90.77	100	80	0.09
宝鸡市	90.83	100	65	0.12
咸阳市	81.79	100	60	0.17
安康市	79.30	88	60	0.12
榆林市	78.17	85	70	0.05

◇ 地方财政纾压对财政透明度的影响研究

续表

城市	平均值	最大值	最小值	变异系数
商洛市	77.43	88	33	0.26
汉中市	75.64	88	8	0.31
延安市	73.46	86	46	0.21
铜川市	69.75	86	51	0.27
渭南市	68.09	90	20	0.30

由表4-7可知，以市域为视角的县级财政透明度存在显著的差异。西安市的县级财政透明度整体水平最高，其平均值为90.77，高出县级财政透明度整体水平最低的渭南市的平均值20多分。当然，县级财政透明度的调查框架设计简单是形成两个城市间较大分差的主要原因，但从另一个角度来说，在如此简单的指标体系中获得较低分数也充分说明这些城市下辖的县区在公开财政信息上确实存在不到位的问题。除了从市际对比的角度阐明财政透明度存在县际间差异外，还可以从变异系数中得到印证。根据变异系数低于0.15即可认定为数据"稳定"的标准，在陕西省下辖的十个地级市中，共有6座城市的县级财政透明度变异系数没有达到这一标准，这表示在这些城市的内部也存在显著的县际间财政透明度差异。从陕西省县区2020年财政透明度的空间布局来看，"高低相间"是陕西省县区2020年财政透明度空间布局的主要特征。县级财政透明度的"高地"基本处在关中地区，在向南、北两个方向推进的过程中，出现了县级财政透明度的"洼地"。当然，在向北方省界推进的过程中并不全然都是财政透明度的"洼地"。在省域的最北端，县级财政透明度再一次呈现"高地"的状态。总结而言，"高低相间"的县级财政透明度空间布局特征为本书基于"外溢性"视角探讨财政纾压对财政透明度的影响奠定了坚实的基础。

第五章

财政收入课征基础信息量的现实替代

诚然，在第三章的阐述中，我们将财政透明度与财政收入课征基础信息量的同向增长解读为财政纾压对财政透明度具有正向影响。这是因为，一方面，无论从数理分析的构建出发，还是从实证分析中数据收集的可操作性来看，任何一个政府的财政收入课征基础信息量都不容易被获得，需要以理念相近为原则对财政收入课征基础信息量进行现实替代，否则不能从现实中汲取到论据的支持；另一方面，财政收入课征基础信息量与财政缺口存在密切的联系，而财政缺口与财政纾压又是一个事物的两种称谓。所谓的财政缺口是指政府承担事权所需的支出高于其课征的收入。通常，财政缺口出现在经济下行压力较大、积极财政发力对冲的时期。换言之，在经济发展出现衰退迹象时，政府一方面要实施"减税降费"政策刺激经济增长，另一方面还要确保公共产品的高效供给，这样就会形成财政缺口。近些年，我国地方财政收入虽呈现不断增长的趋势，但是与地方财政支出相比造成的财政缺口也在日趋扩大。2008—2020年，地方财政缺口由20598.7亿元增大到110440.29亿元，两相对比财政缺口扩大了五倍多[①]。由于地方财政缺口的不断拉大，

[①] 数据来源：EPS数据平台。

致使地方政府在提供公共产品或服务上一直摆脱不掉"捉襟见肘"的困境，直接影响了公众享受公共产品或服务的质量。基于此，如何解决地方财政缺口就成为实务部门和学术界关注的焦点。在具体操作上，依托中央转移支付、调入政府性基金结余、增加国有企业上缴利润比例、盘活长期沉淀资金以及结构性压缩不必要的财政支出等都是地方政府可采纳的方法。而在将这些方法付诸实施的过程中，必然会改变政府的财政收入课征基础信息量。因为这些弥补财政缺口的资金筹集具有一定的灵活性，且这种灵活性是以税收收入为主的财政收入筹集甚少体现的，所以弥补财政缺口的资金筹集增多即意味着不确定性的增加，这也就为以弥补财政缺口及其比率为内核的财政纾压替代财政收入课征基础信息量的变动提供了充足的理由。具体而言，当财政纾压较强时，意味着政府弥补财政缺口的资金渠道是多样的，这样财政收入课征基础信息量也会较多；反之，则表示政府弥补财政缺口的资金渠道较窄，财政收入课征基础信息量也较少。通常，我们用一般公共预算支出与一般公共预算收入的差额来估算财政纾压的绝对值，本书也是采用这一惯例见公式（5-1）。

$$财政纾压 = 一般公共预算支出 - 一般公共预算收入 \qquad (5-1)$$

考虑到财政纾压衡量的是政府在供给公共产品或服务时可以动用的除一般公共预算收入以外的财政资金的绝对能力，且这种能力会因各自辖域内的经济社会发展状况不同而各异，故这里我们还将引入财政纾压率来明确财政收入课征基础信息量的状况见公式（5-2），也用于反映政府对除一般公共预算收入以外的财政资金的依赖程度。

$$财政纾压率 = \frac{一般公共预算支出 - 一般公共预算收入}{一般公共预算支出} \times 100\%$$

$$(5-2)$$

具体而言，当财政纾压率较高时，意味着政府在供给公共产品或服务时对除一般公共预算收入以外的财政收入的依赖较重，也即

第五章 财政收入课征基础信息量的现实替代

表示财政收入课征基础信息量较多；反之亦然。至此，利用财政纾压及其比率明确财政收入课征基础信息量的缘由就已阐述完毕。下面将对省级、地市级和县级三个层级的财政纾压及其比率进行分析，以期能为后文的探讨奠定重要基础。

第一节 省级财政纾压及其比率的概况

目前，我国政府等级分为中央、省级、地市级、县级以及乡级，其中省级、地市级、县级以及乡级属于地方政府。省级政府是地方政府的一级政府，在一个省的社会经济事务管理中居于主导地位。基于这一主导地位，省级政府的财政收支状况对地方公共产品或服务的供给具有深远的影响。为了充分了解省级财政纾压及其比率的基本状况，本节将从"整体"和"区域"两个视角对省级财政纾压及其比率进行阐释。

一 省级财政纾压及其比率的一般特征

按照上文构建的财政纾压及其比率公式，图5-1给出的是我国31个省份2009—2021年财政纾压及其比率的基本情况。

由图5-1可知，省级财政纾压具有两个显著的特征。

首先，省级财政纾压整体上呈现上升的趋势。以广东省为例，该省2009年的财政纾压仅为684.56亿元；到2019年，这一指标已增加为4643.32亿元，上升幅度达6倍之多，在所有省份的财政纾压变动中位居前列。即便广东省的情况比较特殊，我们也可以从增长幅度最小的省份中得到省级财政纾压呈现上升趋势的结论。统计数据显示，四川省的财政纾压变动是所有省份中最小的。2009年，该省的财政纾压为2416.13亿元；到2020年，这一数值已增长到6937.65亿元，两相对比，其财政纾压上升了近3倍。

其次，除了具有上升趋势外，财政纾压还存在显著的省际间差异。这种差异可从图5-1的Y轴刻度对比中看出。不过，为了详尽

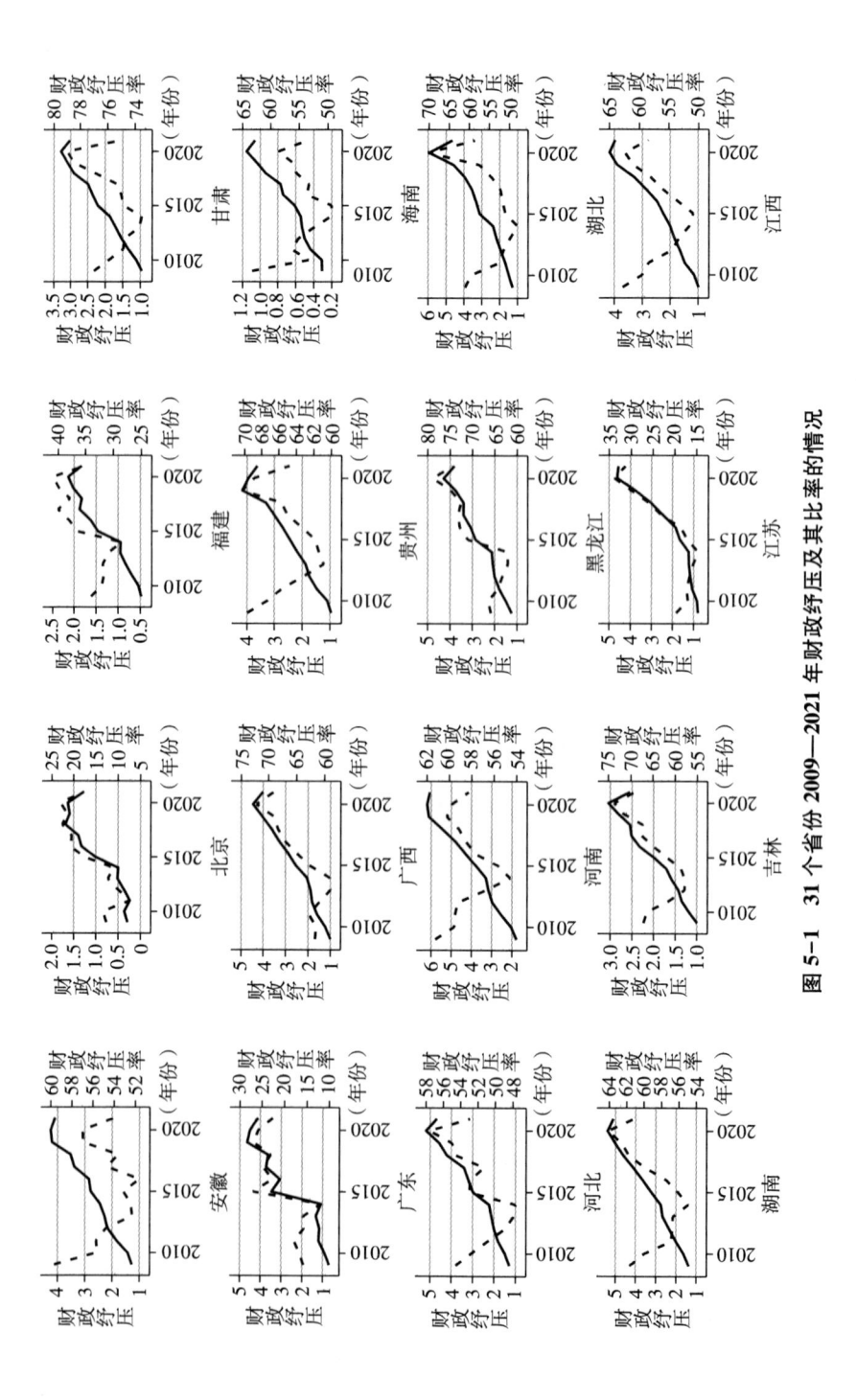

◆ 地方财政纾压对财政透明度的影响研究

图 5-1 31 个省份 2009—2021 年财政纾压及其比率的情况

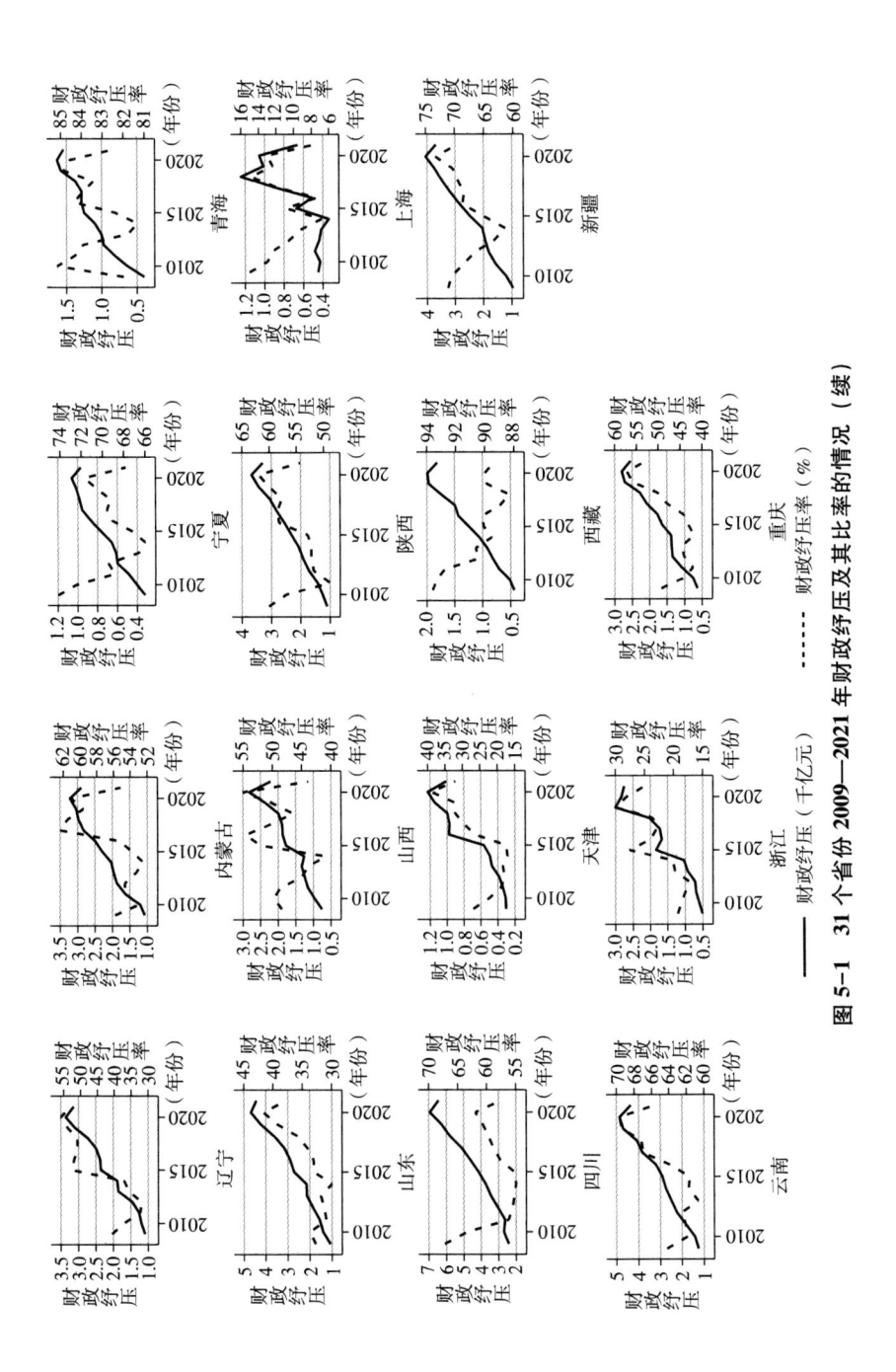

第五章 财政收入课征基础信息量的现实替代

图 5-1 31 个省份 2009—2021 年财政纾压及其比率的情况（续）

◆ 地方财政纾压对财政透明度的影响研究

阐明这种省际差异,我们还需摆出事实。举例而言,2021年,四川省和上海市的财政纾压分别为6442.3亿元和659.06亿元,二者的差距足以达到9倍多。

与省级财政纾压相似,省级财政纾压率也具有两个显著的特征。

首先,省际间存在明显的差异。以西藏自治区和上海市为例,2009—2021年,西藏自治区的财政纾压率始终保持在90%左右,而上海市的财政纾压率则约为10%。如果说这两个省份的财政纾压率属于省级财政纾压率中的"异常值",那么我们也可以从其他省份的对比中找出省际财政纾压率存在差异的证据。就重庆市和四川省的对比来看,作为相邻的省份,四川省和重庆市在社会经济发展中存在不少的共性,但在财政纾压率上却表现出明显的差异。在上图选定的统计期间,重庆市的财政纾压率始终低于四川省。至于其他省份间的财政纾压率差异,也可以从图5-1中Y轴的刻度差异中得到证明。这里限于篇幅,不再赘述。而除了具有省际差异外,省级财政纾压率也呈现出上升趋势。只是这种上升趋势不如在省级财政纾压中表现得那么"干脆",更多的是一种"大体"特征。

其次,大体上呈现稳定上升的状态。这一点可以借由财政纾压率的线性拟合线和变异系数值来进行证明。从图5-1中可以看出,除个别省份的财政纾压率线性拟合线呈现逐年降低的状态,绝大多数省份的财政纾压率线性拟合线都在不断上升。这表示31个省份中的绝大多数政府在处理公共事务时对一般公共预算收入以外的财政收入的依赖在加强,也即暗示了这些省级政府在筹集财政收入时的信息量会有所增加。而由于绝大多数省份的财政纾压率的变异系数值处于15%以下①,故这种上升趋势在图5-1中看似波动,但实则相对稳定。

至此,让我们可以先将省级财政纾压及其比率的特征总结告一段落,回顾一下第四章中对省级财政透明度一般特征的描述。不难

---

① 限于篇幅,各省的财政纾压率变异系数没有在文中给出。如有需要,可向笔者索取。

看出，二者的特征表现出明显的相似性，这为我们在后文的实证分析中得出省级财政纾压对财政透明度具有正向影响的结论奠定了重要的基础。而为了夯实这种基础，我们还可以从财政收入结构着手寻找论据。

为了便于资金管理，财政收入可以按照筹资形式的不同划分为税收收入和非税收入。其中，税收收入是国家借助政治权力，依据法定标准，对社会成员征收的无偿公共资金；非税收入是相对于税收收入而言的，顾名思义，是指除税收收入以外的行政部门依法获取的所有公共资金[①]。税收收入与非税收入之间既存在共同点，又具有区别。

首先，就共同点而言，税收收入与非税收入都是国家凭借政治权力，依照法律或法规确定的标准，向法人、社会团体和城乡居民个人取得的收入，并都用于满足社会公共需要，实现社会利益。

其次，二者的区别主要体现在：税收收入的征收范围比非税收入广；税收收入的征收原则是量能原则，而非税收入的征收原则是受益原则；税收收入的征收强制性比非税收入高；税收收入是地方财政收入的主体，而非税收入是补充；税收收入的立法权限相对集中且层次高，而非税收入的立法权限比较分散且层次低。

基于这些异同点，我们认为探究财政收入中税收收入和非税收入的占比也可以反映出政府在依赖自身财力解决社会经济事务时的状态，能够折射出政府在财政收入课征基础信息量上的作为。基于此，图5-2给出了2009—2021年31个省份非税收入规模及占一般公共预算收入的比重图。

由图5-2可知，省级非税收入及其占一般公共预算收入的比重在整体上都呈现上升的趋势，这表示具有规范性、能够体现立法意志的税收收入在省级财政收入筹集中的贡献在不断下降，而与之相对应的是，能够体现行政意志的非税收入的贡献在日趋上升。除此

---

① 转引自《财政部关于加强政府非税收入管理的通知（财综〔2004〕53号）》。

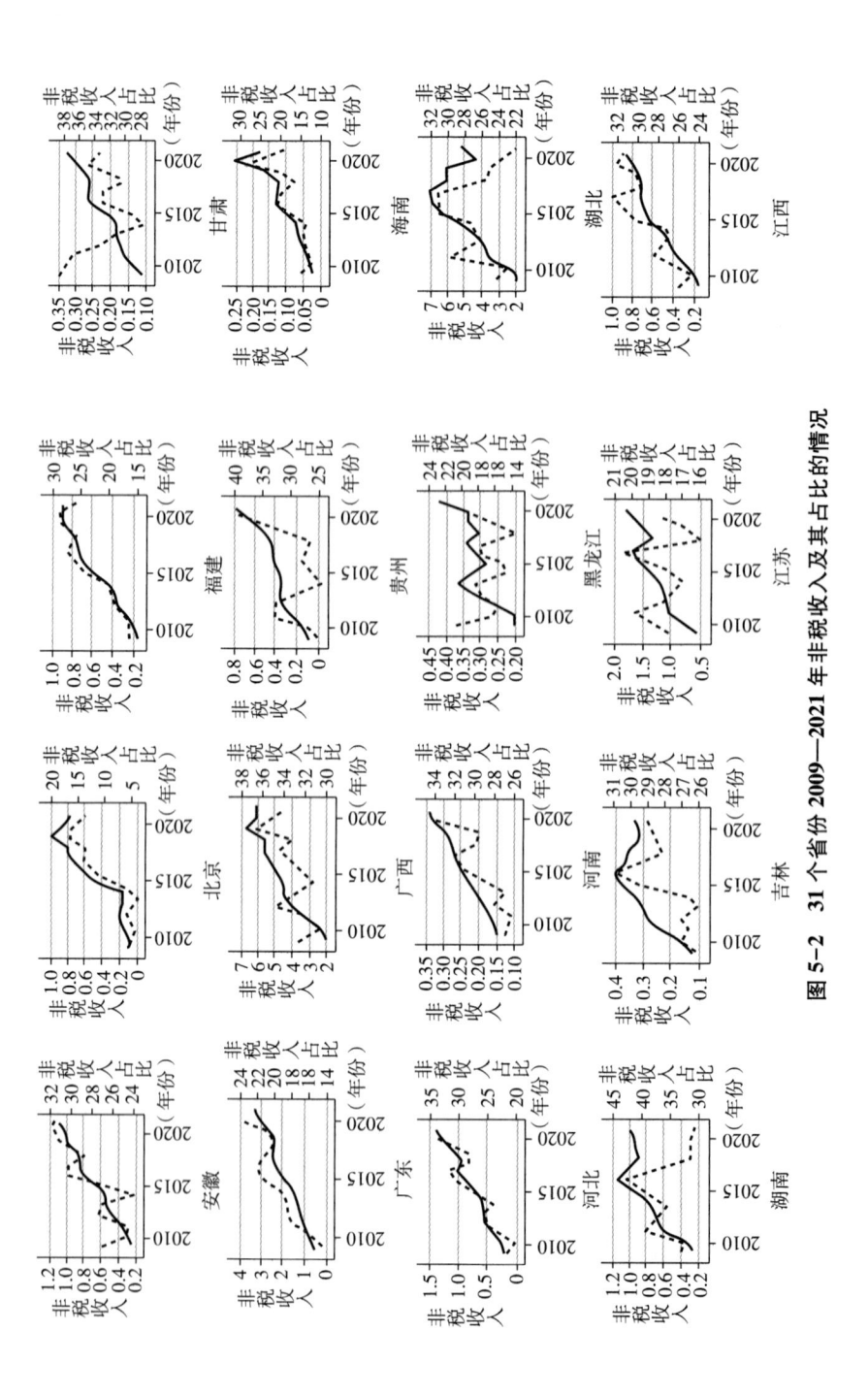

◇ 地方财政纾压对财政透明度的影响研究

图 5-2 31 个省份 2009—2021 年非税收入及其占比的情况

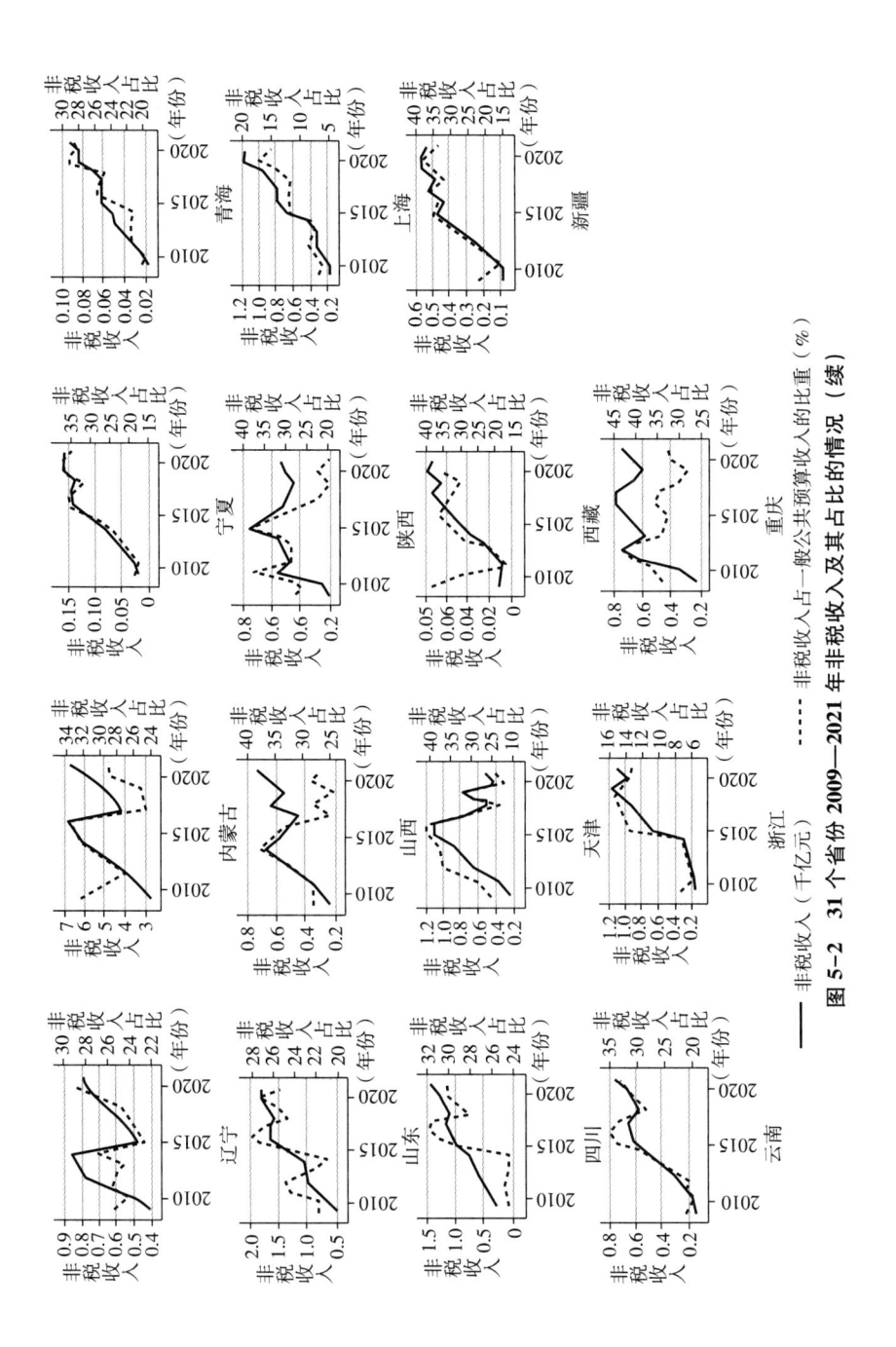

第五章
财政收入课征基础信息量的现实替代

图 5-2 31 个省份 2009—2021 年非税收入及其占比的情况（续）

◇ 地方财政纾压对财政透明度的影响研究

之外，省级非税收入及其占一般公共预算收入的比重还存在显著的省际间差异。也如图 5-1 的解读，我们可以通过 Y 轴的刻度差异得到充分的证明。在明确了省级非税收入及其占一般公共预算收入比重的特征后，我们可以将二者与省级财政透明度的变动相结合。不难发现，省级非税收入及其占一般公共预算收入的比重都与省级财政透明度存在一定程度上的正向关系，这似乎佐证了数理模型结论的成立。带着这种初始判断，我们将在下一章中进行相关性分析。而除了从空间上对省级财政纾压及其比率的特征进行总结，我们还可以基于时间维度对其状况予以观察。表 5-1 给出的是 2009—2021 年省级财政纾压及其比率和非税收入及其占一般公共预算收入比重的描述性统计结果。

表 5-1　　　　省级财政纾压及其比率和非税收入
　　　　　　　　　　及其占比的描述性统计结果

年份	财政纾压 平均值（亿元）	财政纾压 变异系数	财政纾压率 平均值（%）	财政纾压率 变异系数	非税收入 平均值（亿元）	非税收入 变异系数	非税收入占一般公共预算收入的比重 平均值（%）	非税收入占一般公共预算收入的比重 变异系数
2009	917.47	0.51	53.17	0.40	207.91	0.67	23.71	0.35
2010	1073.27	0.50	51.37	0.42	255.21	0.73	22.51	0.36
2011	1296.34	0.47	49.45	0.44	369.04	0.71	24.00	0.38
2012	1487.42	0.48	48.65	0.44	443.84	0.66	24.80	0.35
2013	1636.43	0.47	47.89	0.44	487.75	0.64	24.52	0.33
2014	1720.61	0.49	46.88	0.45	539.89	0.65	24.78	0.34
2015	2172.05	0.43	50.47	0.38	656.13	0.64	27.43	0.28
2016	2358.45	0.43	51.88	0.38	727.34	0.67	29.23	0.26
2017	2637.39	0.43	53.16	0.36	735.38	0.69	27.82	0.24
2018	2912.68	0.43	53.80	0.35	708.02	0.67	25.26	0.23
2019	3311.70	0.43	55.83	0.34	777.44	0.67	26.94	0.23
2020	3562.59	0.45	57.74	0.33	821.78	0.73	28.84	0.23
2021	3232.14	0.47	53.23	0.36	880.23	0.74	27.79	0.25

如表 5-1 所示，无论是财政纾压及其比率，还是非税收入及其占一般公共预算收入的比重，都存在显著的省际间差异，这一点可以通过各自的变异系数得到证明。从变动趋势来看，省级财政纾压和非税收入都呈现出显著的上升趋势。2009 年，省级财政纾压和非税收入的平均值分别是 917.47 亿元和 207.91 亿元，到 2021 年这两个变量的数值各自扩大到 3232.14 亿元和 880.23 亿元。与省级财政纾压和非税收入的变动相比，省级非税收入占一般公共预算收入比重的上升趋势可能要缓和得多，其平均值始终围绕着 26% 浮动。

除此之外，通过变异系数的变动也可了解时间维度上这四个变量的基本情况。与其他两个变量相比，省级财政纾压率和非税收入占一般公共预算收入比重的变异系数都呈现出较为明显的下降趋势。2009 年，省级财政纾压率和非税收入占一般公共预算收入比重的变异系数分别是 0.4 和 0.35，到 2021 年，这两个数值各自下降到 0.36 和 0.25。变异系数的下降表示数据的收敛或聚集。

换言之，从 2009—2021 年，省级财政纾压和非税收入的省际间差异正各自趋于缩小。

综合而言，时间维度上的分析结果既呼应了空间维度上的论述，也暗示了基于时间维度探讨省级财政纾压对财政透明度的影响可能存在一定的难度。至此，关于时间维度上的省级财政纾压及其比率和非税收入及其占一般公共预算收入比重的状况就已梳理完毕。

二　省级财政纾压及其比率的区域特征

为了进一步明晰省级层面财政纾压对财政透明度的影响，遵照省级财政透明度的探讨思路，本节将从区域视角出发分析省级财政纾压及其比率的特征。图 5-3 给出的是 2009—2021 年东部、中部、西部三个区域省级财政纾压及其比率的箱线图。

借由上图我们可以获得一个明确的信息——省级财政纾压及其比率整体上存在显著的区域差异。虽然三个区域的省级财政纾压都呈现上升的趋势，看似差别不大，但数据显示中部区域的省级财政纾压要明显高于其他两个区域，西部区域的省级财政纾压则又显著

◇ 地方财政纾压对财政透明度的影响研究

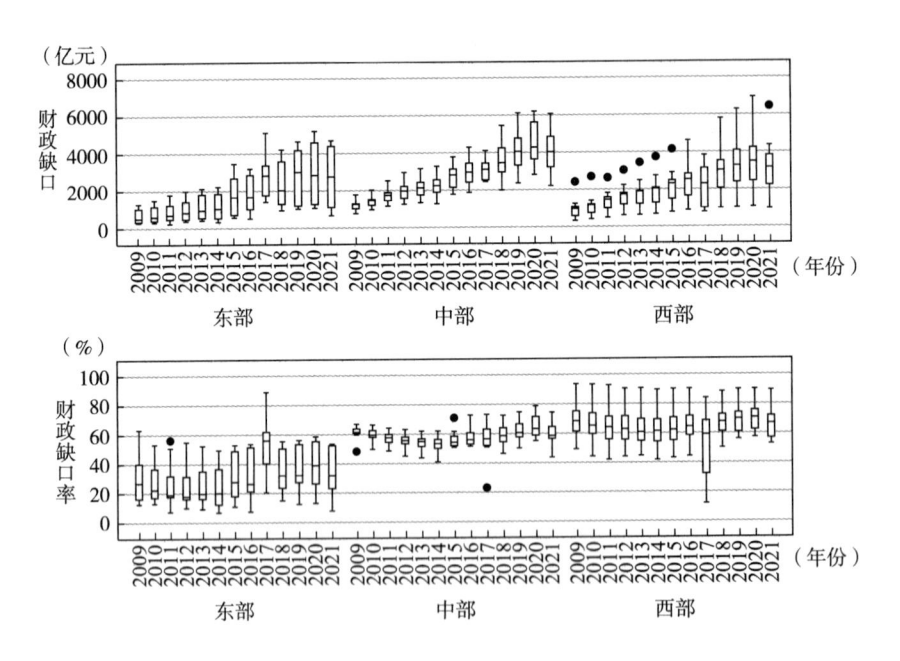

图 5-3 省级财政纾压及其比率的区域箱线图

高于东部地区。与之类似却略微不同，在省级财政纾压率的区域箱线图中，中部区域和西部区域的省级财政纾压率看似差别不大，但实质上两个区域的省级财政纾压率分别集中在57%和66%左右，相差了近10个百分点。至于东部区域的省级财政纾压率要显著低于其他两个区域。数据显示，东部区域的省级财政纾压率基本处在30%左右，远低于中部区域和西部区域。结合省级财政透明度的区域箱线图（见图4-2），我们可以初步判断从区域角度论证财政纾压对财政透明的影响可能会遇到某种局限，但好在进行区域划分的初衷是为了进行稳健性检验，即亦如第三章中数理分析给出的思路，在一个区域内，当辖区间的成本指数 γ 存在较大的相似性时，将有助于我们探明省级财政纾压及其比率与省级财政透明度的关系，为空间分析奠定基础。当然，单纯论证省级财政纾压及其比率对财政透明度的影响是不够的，我们还可以依照上文针对省级财政收入结构的思考，从省级非税收入及其占一般公共预算收入的比重的区域角

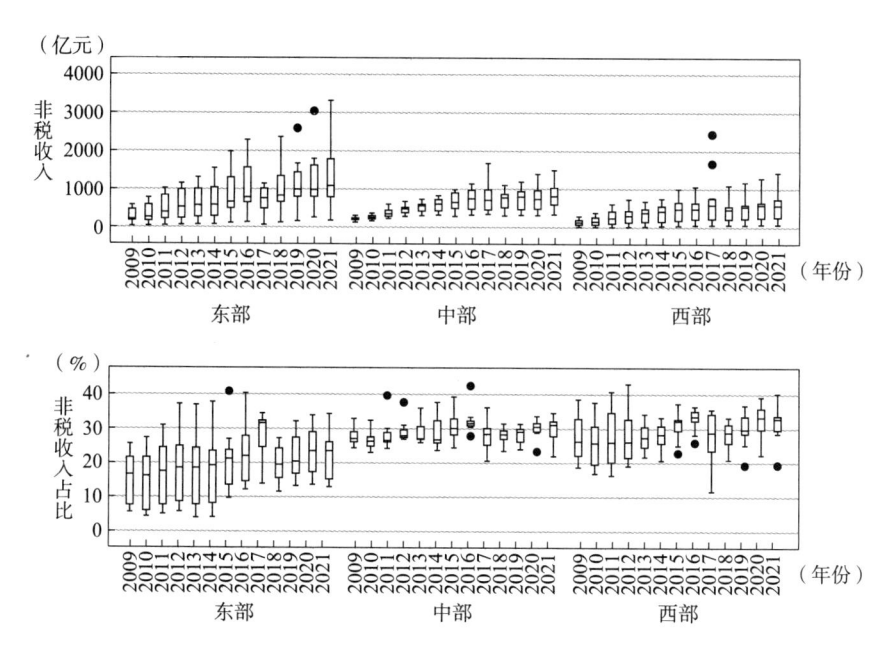

图 5-4 省级非税收入及其占一般公共预算收入比重的区域箱线图

度展开分析。

图 5-4 继承了图 5-3 的基本形态，但也表现出明显的不同。就省级非税收入而言，三个区域都呈现出上升趋势，却有别于省级财政纾压的区域位次。东部区域的省级非税收入显著高于其他两个区域，中部区域的省级非税收入又明显高于西部区域。就省级非税收入占一般公共预算收入的比重来讲，几乎与图 5-3 中省级财政纾压率呈现的形态相一致，除了东部区域的省级非税收入占一般公共预算收入的比重呈现出较为明显的上升趋势，其他两个区域的省级非税收入占一般公共预算收入的比重则都表现得较为平稳，这说明东部省份在利用一般公共预算收入处理社会经济事务的过程中，对非税收入的倚重程度在增加，相对应地，税收收入的地位在降低。这再一次地表明了上文提及的从区域角度论证省级财政纾压对财政透明度的影响可能存在局限性。不过，这并非做了一次无用功。由于省际间存在显著的差异，或许我们可以从区域内部切入论证财政纾

◇ 地方财政纾压对财政透明度的影响研究

压对财政透明度的影响。

虽然图 5-1 直观呈现了 31 个省份的财政纾压及其比率的状况，但由于缺乏地理位置的体现，使其并不能反映省级财政纾压及其比率的区域特征，而图 5-3 给出的省级财政纾压及其比率的区域状况也稍显笼统，所以为了更为直观地了解省级财政纾压及其比率的空间特征，给后文从"外溢性"视角探讨财政纾压对财政透明度的影响奠定了基础，我们仍可以从 31 个省份财政纾压及其比率的均值中切入展开探讨。从财政纾压及其比率的均值空间布局来看，"西高东低"是 31 个省份财政纾压率均值和非税收入占一般公共预算收入比重均值在空间上的特征。当我们将这种特征与 31 个省份的财政透明度均值空间布局相对比时，可以明确感知到二者的关系可能有悖于数理模型结论的成立。不过，这终究是从区域视角出发作出的判断。根据前文所述，我们还可以从区域内部谈起，或许能够为数理模型结论的成立提供论据。

第二节 市级财政纾压及其比率的概况

城市是一个国家经济社会发展的触发点和集聚地，在公共事务的管理上承担着重要的职责。这种职责主要体现在：一方面，我国税收的主要来源是市级行政单位；另一方面，则是由市级政府承担着主要公共产品的供给。基于此，研究市级财政纾压及其比率具有重要的意义。

一 市级财政纾压及其比率的一般特征

为了与前文的研究思路保持一致，本节将首先利用数学方法、图形等描述性统计工具对我国大陆地区 288 个城市的财政纾压及其比率进行阐释，具体内容如图 5-5 所示。

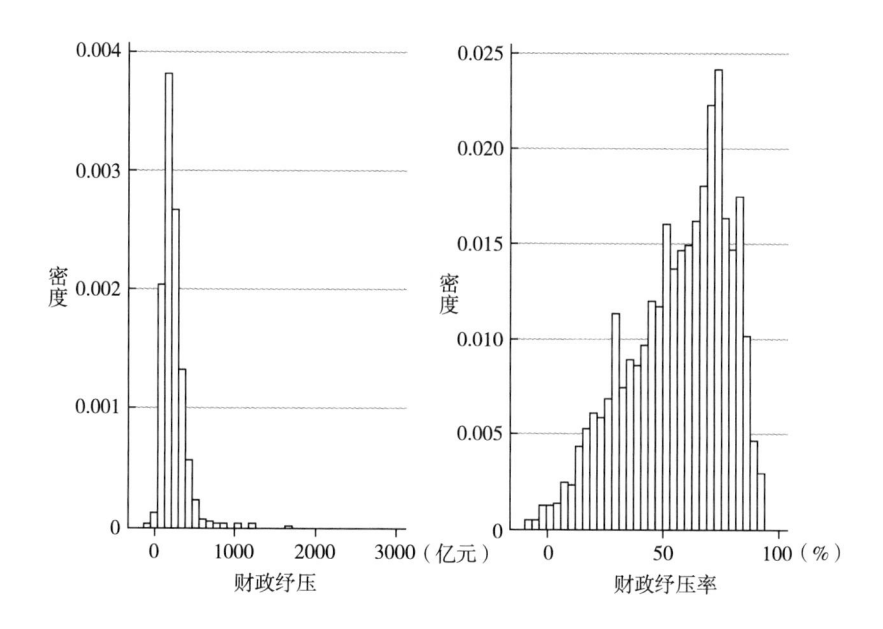

图 5-5 市级财政纾压及其比率的密度直方图

由图 5-5 可知，市级财政纾压过多地集中在 300 亿元附近，在其他高位段则是零星分布。形成这种图形，是市级财政纾压存在异常值的必然结果，但也充分说明了市际间财政纾压差异的复杂性。与市级财政纾压的密度分布相比，市级财政纾压率的峰度相对较小。数据显示，市级财政纾压率基本处于 50% 以上，这表示市级政府在处理社会经济事务中倚重一般公共预算收入以外的财政收入是"主流"。在低于 50% 的区间内，也分布着一些城市，这些城市的一般公共预算收入相对于上述城市可能会好一点，因为其可以覆盖掉自己辖域内大部分的一般公共预算支出，甚至个别城市的一般公共预算收入高于一般公共预算支出，产生了结余。当然，在对市级财政纾压及其比率的状况进行阐释时，我们也意识到一个事实——市际间存在显著的财政纾压及其比率差异。而为了更为直观地了解市级财政纾压及其比率的状况，我们还可以给出各个城市财政纾压及其比率的变动趋势，但考虑到城市数量较多，会占用较大的篇幅，

◇ 地方财政纾压对财政透明度的影响研究

这里不再一一展示，而是采用适例的方式予以探讨。

从各城市的财政纾压及其比率变动趋势来看，"上升"是市级财政纾压率的一般特征。以广州市为例，2014年该市的财政纾压及其比率分别为193.12亿元和13.45%，此后不断增长，到2020年，其财政纾压及其比率已各自达到1229.86亿元和41.65%，增幅显著。与广州市的财政纾压及其比率的增幅相比，还有比其更甚的城市，比如武汉市。武汉市2014年的财政纾压及其比率分别是74.08亿元和6.3%，到2020年，其财政纾压及其比率达到1177.52亿元和48.9%，增幅远在广州市之上。到此，我们只是罗列了个别经济发达城市的财政纾压及其比率状况，当这些城市的财政纾压及其比率也是如此表现时，那些一般城市的财政纾压及其比率状况就不言而喻了。

在探讨完市级财政纾压及其比率的"上升"趋势后，下面将对这些变动趋势的稳定性进行一番阐释。不过，在此之前，需要指出的是，由于市级财政纾压异常值的存在，使其平均值与变异系数并不能直观呈现出具体的关系，故这里不再给出二者的散点图，而是在借由数据分析得出市级财政纾压具有不稳定变动的结论的同时，仅绘制出市级财政纾压率的平均值与变异系数的散点关系（见图5-6）[①]。由图5-6可知，占据多数的具有较大财政纾压率的城市的变异系数较小，这一点与图5-5得出的市级财政纾压率整体上呈现较高状态的结论相一致。而占据少数的具有较小财政纾压率的城市的变异系数则较大，这也从侧面证明了市级财政纾压率问题的复杂性。至此，关于空间维度上的市级财政纾压率的一般特征就已总结完毕。

---

① 由于苏州市、无锡市和杭州市的财政纾压率与其他城市存在显著差异，会对市级财政纾压率的平均值与变异系数的关系产生扰动，故在绘制图5-6时没有包括这三个城市。

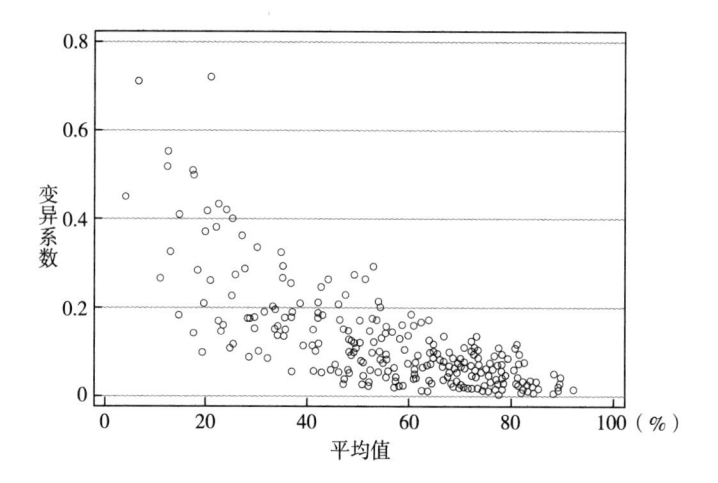

第五章
财政收入课征基础信息量的现实替代

图 5-6　市级财政纾压率的平均值与变异系数的散点图

而秉持前文的研究思路，我们还可以基于时间维度对市级财政纾压及其比率的一般特征予以观察。表 5-2 给出的是市级财政纾压及其比率的年度描述性统计结果。综观这些结果，我们仍可以观察到亦如空间维度上的特征——市级财政纾压率整体上呈现"上升"的趋势。2014—2020 年，市级财政纾压的平均值由 134.14 亿元逐年扩大到 291.78 亿元，而市级财政纾压率的平均值则由 49.47% 增加到 61.38%，最大值与最小值也都出现了不同程度的提高。与市级财政纾压的变异系数几近维持在一个区间波动不同，市级财政纾压率的变异系数呈现出较为明显的降低趋势。这表示市级财政纾压率均值在逐年"上升"的同时，也越发趋于稳定。除此之外，高数值的变异系数也验证了空间维度上另一个特征的存在——市际间具有显著的财政纾压率差异。

无论是从空间维度，还是从时间维度，我们都得出了一样的特征，这似乎是做了一次重复的工作，但立足于不同维度进行的总结，将为市级层面数理模型结论的成立提供全方位的判断依据。

表 5-2　　市级财政纾压及其比率的描述性统计结果

指标	年份	平均值	最大值	最小值	变异系数
财政纾压	2014	134.14	1382.37	-138.99	0.82
	2015	172.04	1637.17	-33.59	0.82
	2016	192.01	1773.90	-112.93	0.86
	2017	216.96	2083.90	-136.63	0.87
	2018	240.61	2275.41	-167.28	0.87
	2019	273.95	2712.75	-80.36	0.83
	2020	291.78	2799.09	-39.49	0.83
财政纾压率	2014	49.47	91.23	-10.65	0.46
	2015	53.57	91.33	-3.84	0.41
	2016	55.29	91.24	-6.98	0.39
	2017	56.98	92.62	-7.71	0.38
	2018	58.05	92.83	-8.57	0.37
	2019	60.08	93.11	-3.75	0.34
	2020	61.38	94.29	-1.74	0.33

二　市级财政纾压及其比率的区域特征

除了总结市级财政纾压及其比率的一般特征外，本节还将对二者的区域特征展开分析。按照第四章的区域划分，市级财政纾压及其比率的区域特征归纳也将从东部、中部、西部三个区域切入。图5-7给出的是市级财政纾压及其比率的区域箱线图。如果不考虑异常值，可以看出市级财政纾压的区域差异并不显著，这还是印证了图5-5中市级财政纾压集聚在300亿元的现实。而与之不同的是，市级财政纾压率在整体上呈现"西高东低"的状态。从中位数的对比数据来看，2014年，东部、中部、西部区域的市级财政纾压率中位数分别是30.26%、54.5%和67.34%。西部区域的市级财政纾压率中位数要比东部、中部区域的市级财政纾压率中位数分别高1.24倍和2.23倍。到2020年，这三个区域的市级财政纾压率中位数分别增加到48.58%、69.31%和75.53%。虽然在此期间，西部区域与东部、中部区域相比，区域间的市级财政纾压率中位数比值略有降低，但也都在1倍以上。而除了呈现"西高东低"的状态，市级财政纾压率的区域特征还表现在东部区域的市际间财政纾压率差异是三个区域中最为显著的。统计数据显示，2014—2020年，东部区域的市级财政纾压率变异系数处于0.44—0.61，远高于中部、西部区域同一时期的市级财政纾压率变异系数。与东部区域的市际间财政纾压率差异在三个区域中具有突出的表现不同，中部、西部区域的市际间财政纾压率差异要小一些，二者的变异系数基本处在0.2—0.3。至此，市级财政纾压率的区域特征总结就已完成，诸如市级财政纾压率呈现"上升"态势和趋于稳定的特征实质上也在区域中体现，但囿于内容重复，这里不再赘述。

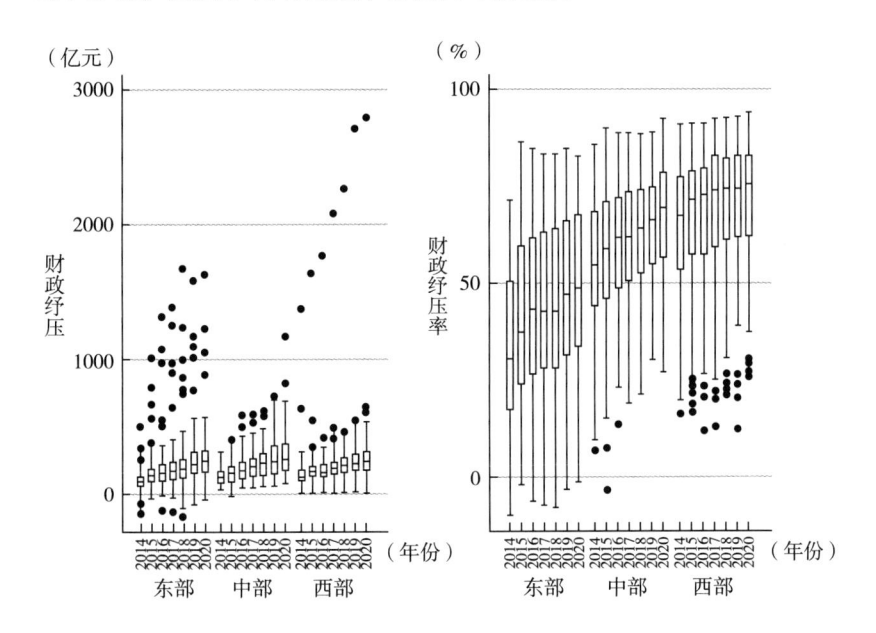

图 5-7　市级财政纾压及其比率的区域箱线图

诚然，上文所做的分析可以归为对市级财政纾压及其比率的区域特征的"粗线条"阐述。这里我们还可以回归本体，从城市个体的视角来观察市级财政纾压及其比率的空间特征，或许能为"外溢性"视角下论证数理模型结论的成立提供新的论据。

从城市个体的视角来看,市级财政纾压均值并没有表现出"集聚"特征,这与市级财政纾压均值中存在异常值有关。除了这些异常值造成高点外,其他城市财政纾压均值所呈现的差异并不明显。与市级财政纾压不同,市级财政纾压率表现出明显的"集聚"特征。在 288 个城市构建的地理布局中,较高的市级财政纾压率均值集聚在西北、粤西、华中和东北等区域。以西北地区为例,定西市、白银市、陇南市、平凉市和天水市等地理位置相毗邻城市的财政纾压率基本都在 80% 以上。而这种较高的市级财政纾压率均值"聚集"与其他地区较低的市级财政纾压率均值"聚集"共同形成了高低相间的态势。依据经验,这将有助于我们基于"外溢性"的角度分析市级层面数理模型结论的成立。

第三节 县级财政纾压及其比率的概况
——以陕西省为例

陕西省是西北地区重要的经济省份,承担着辐射引领西北地区大开发的战略重任。数据显示,陕西省的地区生产总值(GDP)连续多年位居西北榜首。与此同时,近些年国家规划对陕西省发展给予了诸多定位——内陆型经济开发开放战略高地、西部大开发新引擎、全国重要的科技研发和文化教育中心等,这些都表示了陕西省发展于区域或全国而言的重要性。而要推动陕西省的发展,需要财政政策的大力支持。通过制定合宜的财政政策,不仅可以净化投资环境,刺激市场主体的投资力度,还可以招徕人才,提升地区产品附加值,实现经济的可持续性发展。只是制定合宜的财政政策会因现实的冲击未达预期,因为在地方出台财政政策的过程中,始终摆脱不了财力与事权不匹配的困扰。诚如前文所述,地方承担了较多的公共产品或服务的供给职责,却没有足够的财力作为保障,这多

第五章
财政收入课征基础信息量的现实替代

少会影响公共产品或服务的供给质量，对社会经济发展形成"桎梏"，所以保障地方财力是实现社会经济发展的必要条件，尤其是对县级政府而言。县级财政在供给公共产品或服务中的地位是不言而喻的。多项证据表明，当县级政府的财力受限时，将严重影响公共产品或服务的供给，导致社会不满情绪的滋生。基于此，有必要对陕西省县级财政纾压及其比率展开研究。图5-8给出的是陕西省107个县区2020年度财政纾压及其比率的密度直方图。

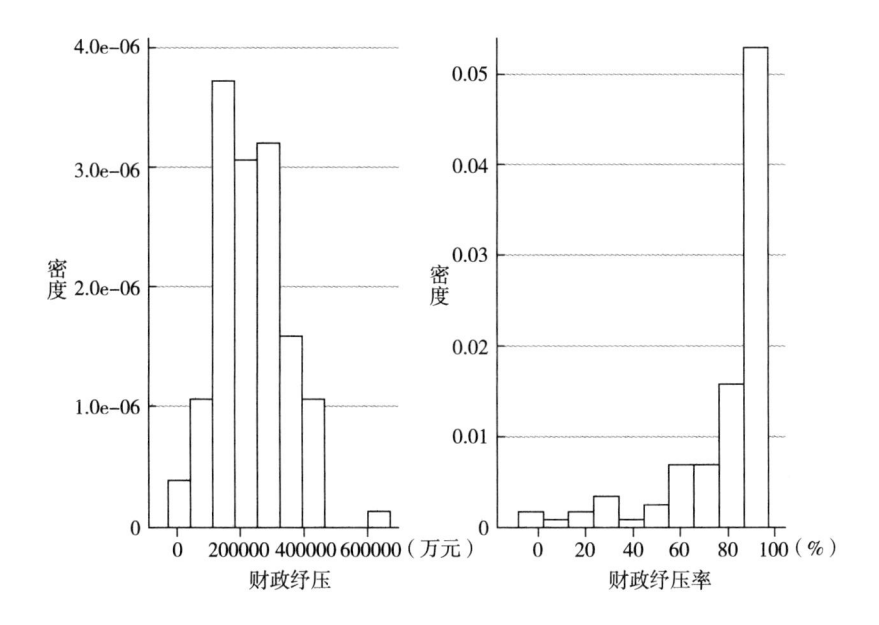

图5-8 陕西省县区2020年财政纾压及其比率的密度直方图

由图5-8可知，陕西省县区2020年财政纾压主要集中在15亿元到45亿元的区间范围内。由于财政纾压属于开区间数据，所以其只能反映政府在供给公共产品或服务时可以动用的除一般公共预算收入以外的财政收入多寡。鉴于此，还需关注一下财政纾压率。高财政纾压率是陕西省县区财政的主要特征。数据显示，超过半数的县区的财政纾压率在80%以上，这表示陕西省县区在供给公共产品或服务的过程中过分依赖一般公共预算收入以外的财政收入。而如

◇ 地方财政纾压对财政透明度的影响研究

前文所述，当依赖一般公共预算收入以外的财政收入较重时，可能会增加政府在筹集财政收入时的信息量。在数理模型的分析中，这种信息量的增加是推动财政透明度提升的重要原因，也是财政透明制度约束力趋弱的直观"迹象"。至此，结合第三章中县级财政透明度的调查结果，关于县级层面财政纾压影响财政透明度的研究就已完成了一个视角的构架。而除了基于县区进行探讨外，我们还可以从城市的角度来梳理陕西省县区财政纾压及其比率的特征。表5-3给出的是城市视角下陕西省县级财政纾压及其比率的描述性统计结果。

表5-3　城市视角下陕西省县级财政纾压及其比率的描述性统计

指标	城市	平均值	最大值	最小值	变异系数
财政纾压（万元）	西安市	191220.9	415159	-28462	0.78
	咸阳市	202027.1	300121	67701	0.34
	商洛市	316975.1	425665	204412	0.22
	安康市	318226.7	672384	125956	0.50
	宝鸡市	176858.8	256122	106212	0.28
	延安市	150837.5	221935	26401	0.34
	榆林市	258601.3	354527	127832	0.27
	汉中市	252345.7	353458	89922	0.34
	渭南市	312575.2	458340	142252	0.35
	铜川市	186782.3	290973	140038	0.38
财政纾压率（%）	西安市	48.99	94.58	-8.13	0.71
	咸阳市	82.63	96.51	57.80	0.17
	商洛市	93.27	95.48	89.94	0.02
	安康市	95.97	97.74	92.42	0.02
	宝鸡市	84.84	95.28	72.34	0.09
	延安市	69.46	93.23	10.49	0.38
	榆林市	72.20	97.05	26.48	0.40
	汉中市	90.26	96.74	64.58	0.11
	渭南市	87.36	95.49	56.72	0.12
	铜川市	85.70	91.32	78.44	0.06

第五章
财政收入课征基础信息量的现实替代

　　无论从城市间的均值比较而言，还是从城市内的县区对比来讲，财政纾压都呈现出显著的县际间差异。根据数据，延安市的县级财政纾压平均值是十个城市中最低的，仅为 15.08 亿元；安康市的县级财政纾压平均值则是最高的，为 31.82 亿元，二者相差了两倍多。与此同时，西安市的财政纾压变异系数是十个城市中最大的，为 0.78，这表示西安市下辖县区的财政纾压差异是最大的。即便商洛市下辖县区的财政纾压变异系数最低，也不足以表示其县际间差异较小。与县级财政纾压相比，城市视角下的县级财政纾压率特征存在一些特殊性。

　　在陕西省下辖的十个地级市中，西安市的县级财政纾压率平均值最低。这是因为，西安市的县级财政纾压率最小值为 -8.13%，显著拉低了西安市县级财政纾压率的平均值。这一点也可以通过其变异系数得到证明。与其他城市的县级财政纾压率变异系数相比，西安市的县级财政纾压率变异系数是最高的，这说明西安市下辖的县区间存在显著的财政纾压率差异。而除了西安市是一个需要特别说明的个例，其他城市的县级财政纾压率表现也如图 5-8 分析得出的结果——陕西省县区在供给公共产品或服务的过程中整体上过分依赖一般公共预算收入以外的财政收入。这里可能需要单独提及一下延安市和榆林市。二者的财政纾压率平均值要比除西安市以外的其他城市低一些，但其变异系数却要比这些城市的高一些，这表示两个城市下辖的县区在依赖一般公共预算收入以外的财政收入供给公共产品或服务时整体上要比除西安市以外的其他城市下辖的县区的低，但也存在明显的县际间差异。

　　从陕西省 107 个县区 2020 年财政纾压及其比率的空间布局来看，陕南地区的县区财政纾压整体较高，关中和陕北两个地区的财政纾压则呈现"高低相间"的状态。结合陕西省县区财政透明度的调查结果，将有助于从"外溢性"视角论证财政纾压对财政透明度的影响。与陕西省县区财政纾压的空间布局相比，其财政纾压率的空间分布具有独特性。"北低南高""中间空心"是陕西省县区

◇ 地方财政纾压对财政透明度的影响研究

2020年财政纾压率的区域特征。数据显示，位于陕北地区的榆林市的榆阳区、神木市和府谷县以及延安市的黄陵县、志丹县的财政纾压率均在30%以下，明显低于周边的其他县区的财政纾压率。此外，在关中地区，西安市的县级财政纾压率是一个特别的存在，其与周围其他县区的财政纾压率形成鲜明的对比。2020年，西安市雁塔区和碑林区的财政纾压率分别为-8.13%和-7.02%，这表示这两个县区的一般公共预算收入在能覆盖一般公共预算支出的同时还会留有结余。而诸如莲湖区、未央区的财政纾压率虽没有这两个县区般的状况，却也在20%以下，显著低于相邻的县区。综观这些状况，我们仍可以用"高低相间"来总结陕西省县级财政纾压率在空间中的特征。亦如前文所述，这种情况的出现可能暗示了"外溢性"影响效应的存在。虽然以上分析都指向县级层面的财政纾压对财政透明度存在空间溢出性影响，但考虑到县级样本量较少会影响空间分析结果，所以在第七章的探讨中没有对县级财政纾压的空间溢出给予篇幅安排。

第六章

财政纾压影响财政透明度的刍议

在第四章和第五章分别论述完财政透明度和财政收入课征基础信息量的现实替代后,本章将对二者的关系展开探讨,以此明确第三章的数理模型分析结论能否成立。而要判断不同要素之间的关系,我们首先可以借助相关性分析。其数值的大小能够为我们判断财政纾压影响财政透明度提供经验依据,也可以为我们做出研究对象是否存在财政透明制度弱化的结论奠定基础。除了通过相关性分析验证第三章的数理模型分析结论外,我们还可以借由实证模型的构建进行探讨。

第一节 省级财政纾压对财政透明度的影响论证

一 省级财政透明度与财政纾压及其比率的相关性分析

在开始论证省级财政纾压对财政透明度的影响前,我们还需回顾一下省级财政透明度和财政收入课征基础信息量的特征。在第四章中,立足于空间和时间的双重维度,我们总结发现"整体水平低""波动""上升"与"省际间差异"是省级财政透明度的特征。到第五章,在利用财政纾压及其比率解读财政收入课征基础信息量

◆ 地方财政纾压对财政透明度的影响研究

的特征时，我们仍能看到相似的字眼。基于此，可以初步判断省级层面的财政透明度与财政纾压及其比率之间存在正向关系，而这就是我们认定省级层面存在财政透明制度弱化的重要依据。遵照前文的探讨思路，本节也将从空间和时间的双重维度谈起。同时，基于数据完整性和样本量最大化的原则，本节涉及的实证分析无特别说明，均将以 31 个省份 2009—2018 年的数据为基础。图 6-1 给出的是 31 个省份财政透明度与财政纾压及其比率的相关系数[①]。

财政透明度-财政纾压

省份	系数
山东	0.93
广东	0.93
重庆	0.93
天津	0.92
甘肃	0.92
山西	0.9
河南	0.9
广西	0.88
吉林	0.87
北京	0.86
浙江	0.85
宁夏	0.85
辽宁	0.85
贵州	0.85
湖南	0.85
安徽	0.81
云南	0.8
四川	0.8
上海	0.79
黑龙江	0.74
河北	0.69
陕西	0.69
内蒙古	0.62
江西	0.6
海南	0.6
西藏	0.59
青海	0.56
江苏	0.52
新疆	0.5
湖北	0.5
福建	0.34

财政透明度-财政纾压率

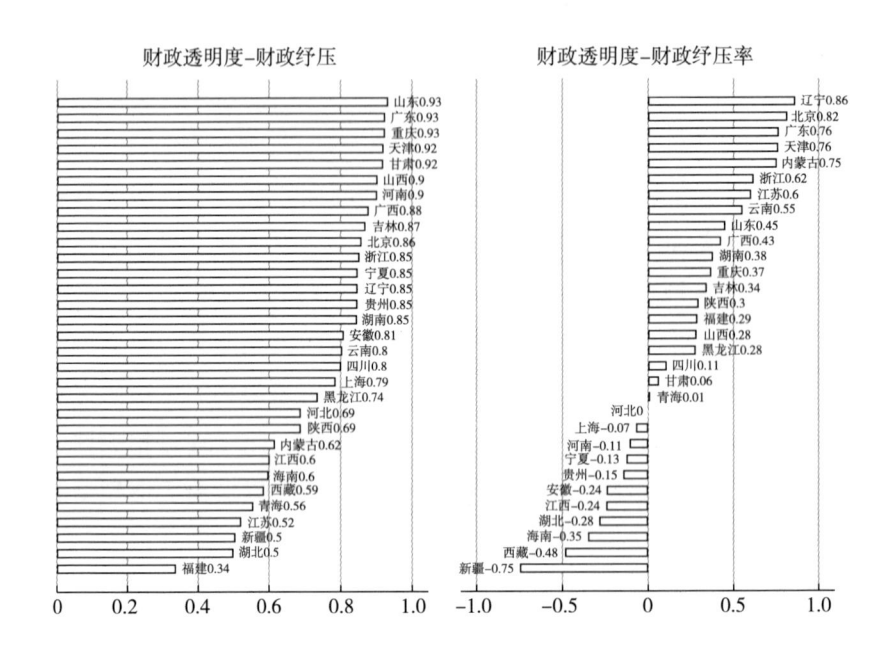

省份	系数
辽宁	0.86
北京	0.82
广东	0.76
天津	0.76
内蒙古	0.75
浙江	0.62
江苏	0.6
云南	0.55
山东	0.45
广西	0.43
湖南	0.38
重庆	0.37
吉林	0.34
陕西	0.3
福建	0.29
山西	0.28
黑龙江	0.28
四川	0.11
甘肃	0.06
青海	0.01
河北	0
上海	-0.07
河南	-0.11
宁夏	-0.13
贵州	-0.15
安徽	-0.24
江西	-0.24
湖北	-0.28
海南	-0.35
西藏	-0.48
新疆	-0.75

图 6-1　31 个省份财政透明度与财政纾压及其比率的相关系数

在依据相关系数评判两个变量关系的强弱时，存在一个惯例，即当两个变量的相关系数处于 0—0.3（或 -0.3—0）时，意味着二者存在弱的正（或负）相关关系（相关系数为零是一种特殊情况，表示二者不存在相关关系）；当两个变量的相关系数处于 0.3—0.7

---

① 因为省级财政透明度只有 2009—2018 年的数据，所以为了实施相关性分析，本书没有将 2019 年和 2020 年的省级财政纾压及其比率数据纳入分析。

第六章
财政纾压影响财政透明度的刍议

(或-0.7—-0.3)时,表示二者属于适中的正(或负)相关关系;而当两个变量的相关系数超过0.7(或低于-0.7)时,则说明二者的正(或负)相关关系较强。以此为据,31个省份的财政透明度与财政纾压及其比率的相关关系就"一目了然"了。

首先,所有省份的财政透明度与财政纾压的相关系数都呈现正相关。按照评判规则,相关关系强的省份包括山东、广东、重庆等20个省份,而剩余11个省份的相关关系则属于适中。基于此,我们认为数理模型分析结论中关于财政纾压能够正向影响财政透明度的结论成立。而为了进一步明确这个判断的可信性,我们还可以从均值角度对其展开分析。借由第四章和第五章的描述性统计结果,将省级财政透明度平均值与财政纾压平均值的关系利用散点和线性拟合的形式予以展示,具体如图6-2所示。

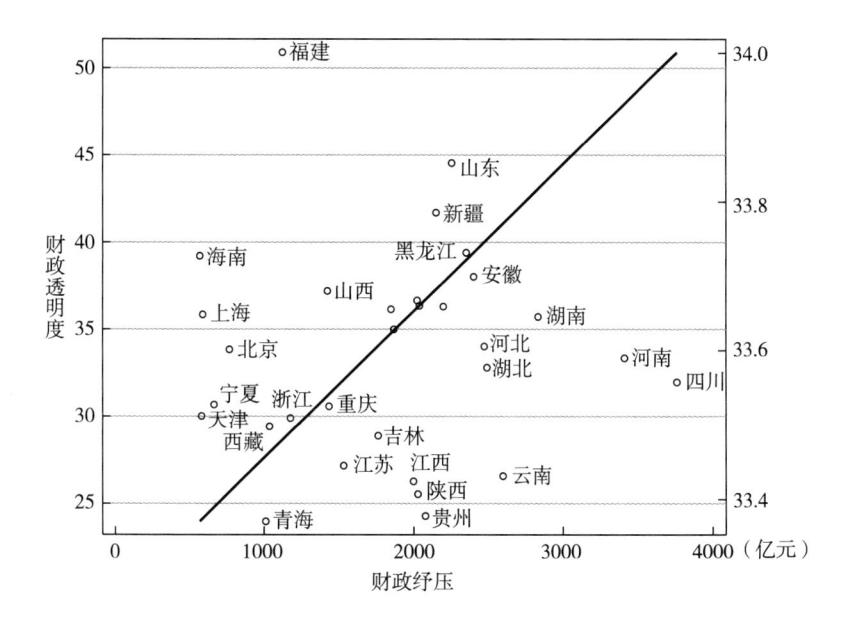

图 6-2 省级财政透明度平均值与财政纾压
平均值的散点和线性拟合图

显然,从均值角度来看,我们仍能找出财政纾压对财政透明度存在正向影响的证据。以黑龙江省、广东省和辽宁省为例,2009—

— 101 —

◇ 地方财政纾压对财政透明度的影响研究

2018 年，黑龙江省的财政纾压平均值是 2348.9 亿元，其财政透明度平均值为 39.41；广东省的财政纾压平均值为 2022.03 亿元，其财政透明度平均值是 36.65；辽宁省的财政纾压平均值是 1867.88 亿元，其财政透明度平均值为 34.99。综合这三个省份的数据可以看出省级财政透明度与财政纾压存在正向关系，而类似于这样的证据在省级财政透明度平均值与财政纾压平均值的数据集中还有不少，这里限于篇幅，不再赘述。在从以上的相关性分析中获得省级财政纾压对财政透明度存在正向影响的论据后，我们还可以循此探讨一下数理模型的第二个结论是否成立。图 6-3 给出的是相关系数与省级财政纾压平均值的散点和线性拟合图。

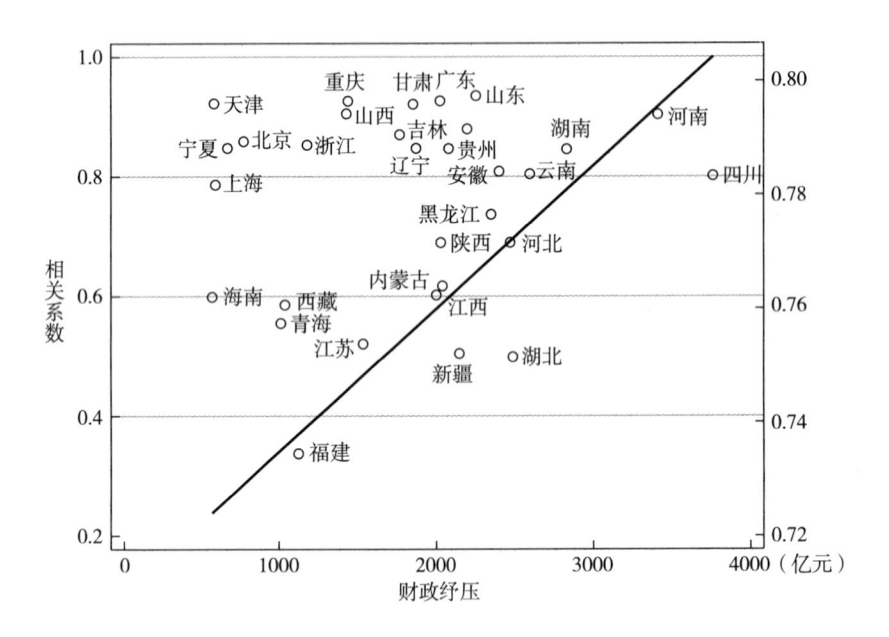

图 6-3 相关系数与省级财政纾压平均值的散点和线性拟合图

由图 6-3 可知，当财政透明度与财政纾压的相关系数变大时，作为财政收入课征基础信息量现实替代的财政纾压平均值也会增大，这即证明了数理模型分析的第二个结论的成立——财政透明制度的约束力存在弱化的状况。当然，由于没有考虑各地的社会经济发展对财政透明度的影响，所以图6-3给出的论据效力始终有限。虽然我们也曾试图从财政纾压的结构着手找出更具说服力的论据，但囿于相关数据的收集存在明显的困难，故在利用相关性分析论证省级层面是否存在财政透明制度约束弱化上就只能点到为止，也让我们寄望于实证回归能够得出省级财政纾压对财政透明度具有正向影响的结果，以此作为省级财政透明制度约束弱化的又一论据。而除了借由省级财政纾压与财政透明度的相关关系证明数理模型分析结论的成立与否，我们还可以从省级财政纾压率与财政透明度的相关性探讨中寻得论据的支持。

其次，财政纾压率与财政透明度的相关系数存在明显的省际间差异。依据评判规则，相关关系弱的省份包括河北、青海、上海等14个省份；而相关关系适中的省份则包括陕西、吉林、海南、西藏等11个省份；至于相关关系强的省份包括辽宁、北京、广东等6个省份。由于财政纾压率衡量的是政府对除一般公共预算收入以外的财政收入的依赖程度，所以我们仍可以将相关系数处于0.3以上的省份作为数理模型分析结论成立的证据，这样共有14个省份符合条件。从数量上来讲，这14个省份占到了所有省份的近一半，可以作为证明数理模型分析结论成立的论据；从财政收支状况来看，2009—2021年，这14个省份的一般公共预算支出总和占所有省份一般公共预算支出总和的比重基本在53%，而其一般公共预算收入总和占所有省份的一般公共预算收入总和的比重约为61%，两个比重都较为可观，所以这14个省份具有一定的代表性。而这也意味着数理模型分析的第一个结论——省级财政纾压对财政透明度具有正向影响的结论是成立的。至于省级层面的财政透明制度约束是否存在弱化，我们可以借助省级财政纾压率与相关系数的关系进行论证，具体如图6-4所示。

◆ 地方财政纾压对财政透明度的影响研究

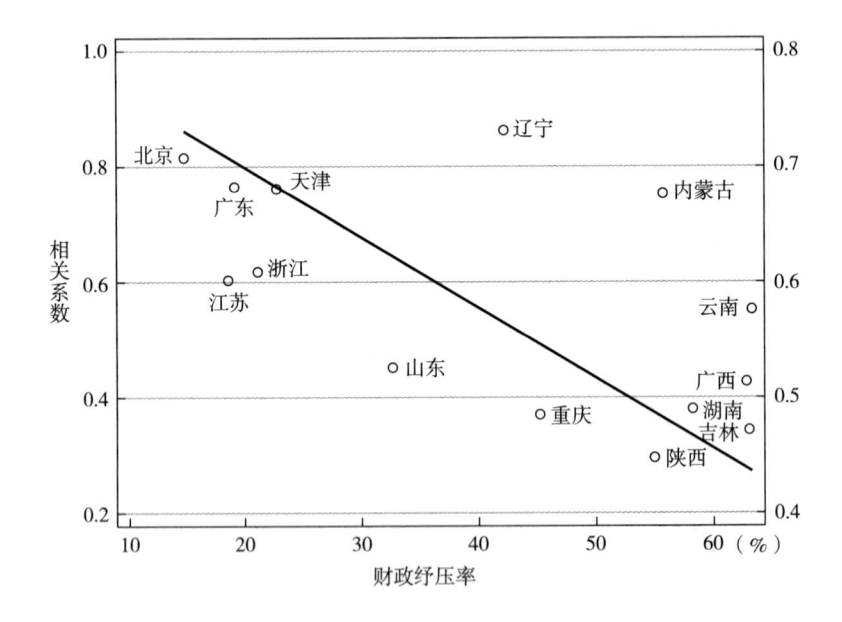

图 6-4　相关系数与省级财政纾压率平均值的散点和线性拟合图

显然，图 6-4 呈现的关系并不支持数理模型分析的第二个结论的成立。当这 14 个省份的财政透明度与财政纾压率的相关系数变大时，其财政纾压率平均值在变小，这意味着当财政纾压率与财政透明度具有的正向关系变强时，政府对除一般公共预算收入以外的财政资金的依赖程度将会降低，也即表示财政收入课征基础信息量的变动较小，财政透明制度约束并不存在弱化的状况。然而，回看图 6-4 中这 14 个省份的布局，似乎并非图示的含义。那些财政纾压率与财政透明度具有较高正相关性，诸如北京、广东和浙江等省份的财政纾压率平均值都比较低，这表示这些省份对一般公共预算收入以外的财政资金的依赖程度较低，也即说明这些省份的财政收入状况较好；而与之相反的，以吉林、陕西和西藏等为代表的财政纾压率与财政透明度存在较低正相关性的省份的财政纾压率平均值则都比较高，这意味着这些省份对一般公共预算收入以外的财政资金的依赖程度较高，也即说明这些省份的财政收入状况一般。至此，数理模型分析的两个结论再次得到证明。

第六章 财政纾压影响财政透明度的刍议

总结而言，数理模型分析结论在省级财政透明度与财政纾压的相关性中显现得最为明显，即当省级政府在供给公共产品或服务时可以动用的除一般公共预算收入以外的财政收入的能力较强时，其财政透明度也比较高。而在省级财政透明度与财政纾压率的相关性中，数理模型分析结论的显现就不再那么明确。省级政府在供给公共产品或服务时对除一般公共预算收入以外的财政收入的依赖程度变高时，其财政透明度可能会降低，这给我们从省级层面得出数理模型分析结论的成立蒙上了一层阴影。于是，为了找出更多具有说服力的论据，我们还可以基于年际角度进行分析，但其相关性结果并不理想。从第三章的数理分析来看，我们认为造成这种结果的原因与各省份的社会经济发展状况不同密切相关。这里为了节约篇幅，不再赘述。除了从财政纾压及其比率与财政透明度的相关性论证数理模型分析结论的成立与否外，我们还可以借由财政透明度与非税收入及其占一般公共预算收入比重的相关关系进行探讨，具体如图6-5所示。

财政透明度—非税收入

- 上海 0.97
- 广西 0.93
- 山东 0.91
- 广东 0.9
- 浙江 0.89
- 黑龙江 0.88
- 宁夏 0.88
- 甘肃 0.87
- 河南 0.86
- 安徽 0.83
- 北京 0.83
- 云南 0.8
- 贵州 0.72
- 吉林 0.72
- 江西 0.68
- 湖南 0.67
- 山西 0.66
- 四川 0.64
- 新疆 0.63
- 重庆 0.61
- 河北 0.59
- 青海 0.59
- 西藏 0.56
- 海南 0.5
- 江苏 0.47
- 福建 0.36
- 湖北 0.31
- 天津 0.24
- 陕西 0.07
- 内蒙古 0.05
- 辽宁 −0.22

财政透明度—非税收入占比

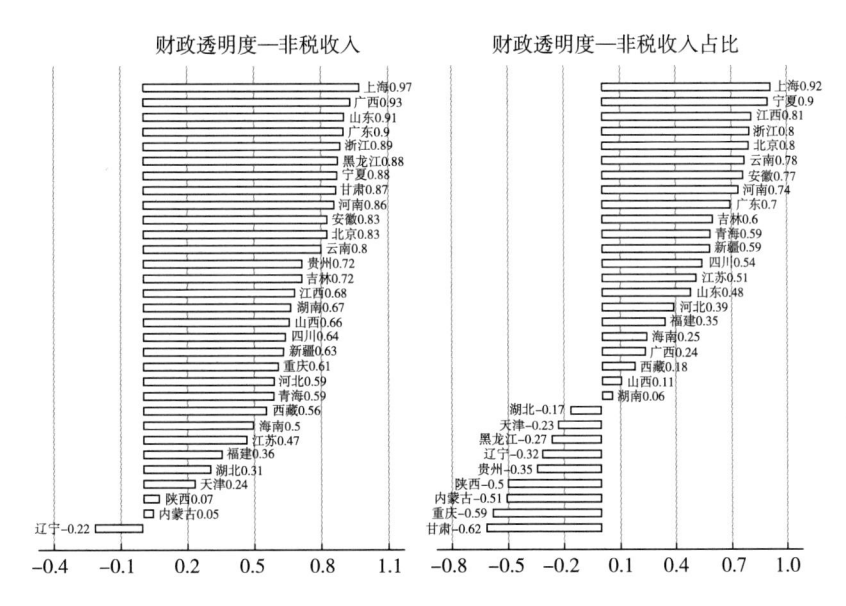

- 上海 0.92
- 宁夏 0.9
- 江西 0.81
- 浙江 0.8
- 北京 0.8
- 云南 0.78
- 安徽 0.77
- 河南 0.74
- 广东 0.7
- 吉林 0.6
- 青海 0.59
- 新疆 0.59
- 四川 0.54
- 江苏 0.51
- 山东 0.48
- 河北 0.39
- 福建 0.35
- 海南 0.25
- 广西 0.24
- 西藏 0.18
- 山西 0.11
- 湖南 0.06
- 湖北 −0.17
- 天津 −0.23
- 黑龙江 −0.27
- 辽宁 −0.32
- 贵州 −0.35
- 陕西 −0.5
- 内蒙古 −0.51
- 重庆 −0.59
- 甘肃 −0.62

图6-5 省级财政透明度与非税收入及其占一般公共预算收入比重的相关系数

◆ 地方财政纾压对财政透明度的影响研究

图6-5几近复制了图6-1的形态。首先，省级财政透明度与非税收入整体上呈现正相关。这里仍将相关系数高于0.3作为可以证明数理模型分析结论成立的证据标准。除了辽宁省、内蒙古自治区、陕西省和天津市外，其他27个省份的财政透明度与非税收入的相关系数均在0.3以上，而且相关系数超过0.7的省份共有14个。较高的相关系数表示当省级非税收入规模较大时，其财政透明度也比较高。回顾第五章引入非税收入的理由，由于非税收入的课征更多体现的是行政意志，存在一些随意性，所以非税收入规模也是对财政收入课征基础信息量的合宜解读。这样，当多数省份的财政透明度与非税收入呈现高度或适中的正相关时，也即表示数理模型分析的第一个结论成立。而为了明晰数理模型分析的第二个结论——财政透明制度约束弱化是否成立，我们可以从27个省份的财政透明度与非税收入的相关系数与非税收入平均值的线性关系中求取证据，具体如图6-6所示。

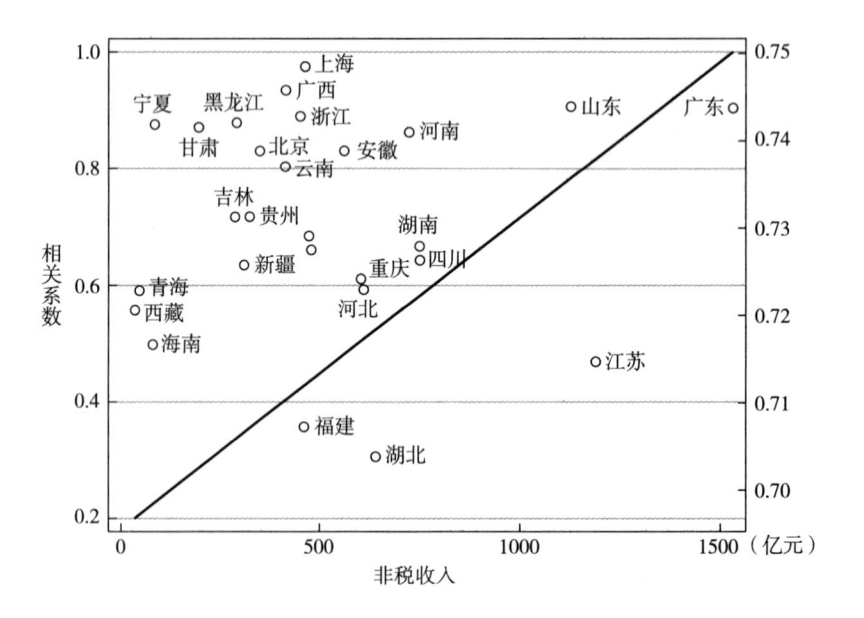

图6-6 相关系数与非税收入平均值的散点和线性拟合图

第六章
财政纾压影响财政透明度的刍议

由图6-6可知，随着省级非税收入的平均值越大，财政透明度与非税收入的正向关系越密切，这表示作为财政收入课征基础信息量现实替代的非税收入的增确实能够对财政透明度的提升产生显著正向影响。换言之，财政透明制度约束弱化从省级非税收入的角度来看亦是存在的。而除了从财政透明度与非税收入的相关性论证数理模型分析结论的成立与否，还可以从财政透明度与非税收入占一般公共预算收入比重的相关系数展开。同样以评判规则为标准进行分类，省级财政透明度与非税收入占一般公共预算收入比重的相关系数较弱的省份包括湖南、湖北和山西等8个省份，相关系数适中的省份则包括福建、河北和辽宁等14个省份，而相关系数强的省份包括上海、宁夏和广东等9个省份。这样，相关系数处于0.3以上的省份共有17个。从数量上来讲，这些省份占到了所有省份的一半以上，具有一定的代表性。从非税收入规模来看，2009—2018年，这17个省份的非税收入占所有省份的非税收入比重基本在60%左右，足能作为解释省级非税收入状况的代表。同样，在明确了财政透明度与非税收入占一般公共预算收入比重的正向关系后，我们可以借由这17个省份的财政透明度与非税收入占一般公共预算收入比重的相关系数和非税收入占比平均值的线性关系来论证数理模型分析的第二个结论能否成立，具体如图6-7所示。

与图6-4相似，虽然图6-7显示的财政透明度与非税收入占一般公共预算收入比重的相关系数和非税收入占比平均值呈现反向关系，看似否定了数理模型分析的第二个结论的成立，但从这17个省份的布局来看，诸如北京、上海和浙江等省份的财政收入状况要明显好于四川、新疆和吉林等省份，这实质上再次证明了数理模型分析结论的成立。

到此，关于省级财政透明度与非税收入及其占一般公共预算收入比重的相关性分析就已完成。从分析结果来看，也如省级财政透明度与财政纾压及其比率的相关关系，在能体现省级政府动用财政资源绝对能力的非税收入上，省级财政透明度多与其保持正向关

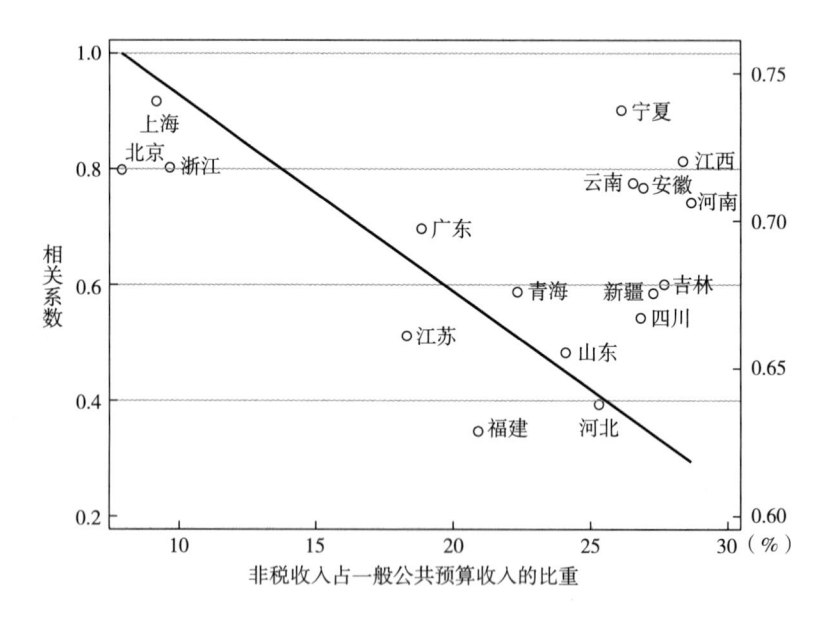

◇ 地方财政纾压对财政透明度的影响研究

图6-7 相关系数与非税收入占比平均值的散点和线性拟合图

系,这肯定了数理模型分析结论的成立,而在能够反映省级政府动用财政资源相对状况的非税收入占一般公共预算收入的比重上,省级财政透明度却与其存在反向关系的状况,这多少有损于省级层面数理模型分析结论的成立。为了进一步找出可信的论据,我们在第五章阐述财政纾压及其比率时曾引入时间维度。在本章中理应以此为导向探讨时间维度下的省级财政透明度与财政纾压及其比率的相关关系,借此为省级层面数理模型分析结论的成立增添新的证据,但分析结果显示,时间维度下的省级财政透明度与财政纾压及其比率之间并不存在显著的相关关系,这一结果同样适用于财政透明度与非税收入及其占一般公共预算收入比重的相关关系。鉴于此,出于节约篇幅的考虑,本章没有对此着墨。而之所以出现这种状况可能与各省的社会经济发展状况不同存在密切的联系,这也就要求我们再利用实证模型的形式进行进一步的验证。

二 财政纾压影响财政透明度的省级模型

诚如第二章的文献梳理所言,影响财政透明度的因素是多样的。

第六章
财政纾压影响财政透明度的刍议

为了能够准确找出影响省级财政透明度的因素，本章将采用逐步回归法展开分析。不过，在此之前，需构建基础实证模型，具体如式（6-1）所示。

$$FT_{it} = \alpha_1 \times G_{it} + \alpha_2 \times X_{it} + \mu_i + \nu_t + \varepsilon_{it} \tag{6-1}$$

其中，FT_{it}表示的是i省t年的财政透明度；G_{it}是i省t年的财政纾压及其比率（非税收入及其占一般公共预算收入的比重）；X_{it}是影响i省t年财政透明度的其他变量集；μ_i表示个体效应；ν_t是时间效应；ε_{it}是残差项。而为了消除量纲的影响，我们将对模型（1）中的各变量取对数，具体可见式（6-2）。这样，模型中自变量对因变量的影响就可解读成各因素变动率对财政透明度变动率的影响。

$$\ln FT_{it} = \alpha_1 \times \ln G_{it} + \alpha_2 \times \ln X_{it} + \mu_i + \nu_t + \varepsilon_{it} \tag{6-2}$$

这里需要说明的是，由于财政纾压率和非税收入占一般公共预算收入的比重都属于百分比数值，所以在模型中并没有对二者取对数，而为了检验模型的稳健性，将在展示全国层面的回归结果的同时给出基于区域角度的分析。由于Hausman检验是对固定效应模型和随机效应模型适用性的判断，所以在进行模型分析时应进行Hausman检验，但考虑到空间相关性的存在会对Hausman检验结果造成较大的水平扭曲，故在本章的实证分析中不再实施，而是直接选择变量系数通过显著性检验的结果予以呈现。

表 6-1　省级财政透明度对财政纾压及其比率的回归结果

变量	全国		东部		中部		西部	
	(1)	(2)	(3)	(4)	(5)	(6)	(7)	(8)
$\ln G_{it}$	0.35*** (3.52)		0.47*** (6.52)		-0.19 (-0.59)		0.52*** (3.38)	
Gr_{it}		0.02*** (4.24)		0.03*** (7.25)		0.03** (2.42)		0.02*** (3.01)
$lpopu_{it}$	-2.15*** (-3.25)	-1.72*** (-2.63)	-0.54*** (-4.48)	-0.64*** (-5.6)	-5.32*** (-2.87)	-3.4** (-2.15)	-0.45*** (-3.70)	-0.54*** (-4.97)

续表

变量	全国		东部		中部		西部	
	(1)	(2)	(3)	(4)	(5)	(6)	(7)	(8)
$lfinv_{it}$	0.19*** (2.64)	0.16** (2.13)	−0.003 (−0.05)	0.06 (0.9)	0.5** (2.43)	0.23 (1.11)	0.12 (1.27)	0.06 (0.74)
$lcosm_{it}$	0.38*** (3.23)	0.75*** (7.76)	0.27** (2.11)	0.72*** (6.01)	0.62* (1.98)	0.81*** (3.27)	0.13 (0.60)	0.68*** (5.08)
C	13.88*** (2.72)	8.89* (1.76)	2.20*** (3.29)	0.92 (1.46)	41.58*** (2.65)	22.04 (1.60)	1.31* (1.67)	0.64 (0.64)
R^2	0.5587	0.5671	0.4340	0.4927	0.0083	0.0513	0.4371	0.3973
Obs.	310	310	110	110	80	80	120	120

注：***、**、*分别表示通过了1%、5%和10%的显著性水平。

根据逐步回归法，除了财政纾压（G_{it}）及其比率（Gr_{it}）外，能够显著影响省级财政透明度变动率的因素还包括常住人口数（$popu_{it}$）、外商投资企业投资总额（$finv_{it}$）和社会消费品零售总额（$cosm_{it}$），这三个变量分别代表了研究对象的公共产品或服务的受众规模、营商环境和市场规模；C表示截距项。列（1）和列（2）显示的是全国层面的回归结果。显而易见，除了省级财政纾压及其比率，外商投资企业投资总额和社会消费品零售总额也都对财政透明度产生显著的正向影响，而省级常住人口数则对财政透明度存在反向影响。这表示营商环境和市场规模的改善有助于提升省级财政透明度，而公共产品或服务的受众规模扩大则会给省级财政透明度的提升蒙上一层"阴影"。当然，这里最主要的是明确了省级层面数理模型分析结论的成立——省级财政纾压及其比率对财政透明度具有正向影响，也即说明财政透明制度的约束力趋于弱化。为了检验实证结果的稳健性，我们还可以基于区域角度对东部、中部、西部三个区域进行实证分析，其结果基本上印证了上述结论的成立，特别是东部、西部区域的回归结果对比是对省级层面数理模型分析结论成立的有力支持。而出于学术严谨的考虑，下文还将从省级财政透明度对非税收入及其占一般公共预算收入比重的实证分析中得到进一步的验证，具体内容如表6-2所示。

表6-2 省级财政透明度对非税收入及其占一般公共预算收入比重的回归结果

变量	全国		东部		中部		西部	
	（1）	（2）	（3）	（4）	（5）	（6）	（7）	（8）
$\ln G_{it}$	0.17*** (3.10)		0.19** (2.28)		−0.03 (−0.16)		0.08 (0.82)	
Gr_{it}		0.01*** (3.59)		0.01** (2.31)		0.002 (0.25)		0.004 (0.75)
$lpopu_{it}$	−0.64*** (−9.26)	−0.65*** (−9.50)	−0.51*** (−3.66)	−0.54*** (−3.85)	−0.87*** (−4.89)	−0.86*** (−4.92)	−0.66*** (−6.83)	−0.67*** (−6.72)
$lfinv_{it}$	−0.09** (−2.03)	−0.05 (−1.03)	0.01 (0.09)	0.05 (0.56)	0.1 (0.74)	0.13 (0.92)	−0.007 (−0.08)	0.009 (0.10)
$lcosm_{it}$	0.58*** (5.72)	0.69*** (8.65)	0.4** (2.45)	0.56*** (3.89)	0.76*** (3.54)	0.72*** (4.13)	0.61*** (3.34)	0.69*** (4.95)
C	3.21*** (8.78)	2.69*** (7.73)	2.81*** (3.53)	2.17*** (2.87)	3.61*** (3.82)	3.56*** (3.50)	3.21*** (5.27)	2.96*** (4.99)
R^2	0.2908	0.2916	0.1290	0.1340	0.4541	0.4542	0.3353	0.3256
$Obs.$	310	310	110	110	80	80	120	120

注：***、**、*分别表示通过了1%、5%和10%的显著性水平。

表6-2中的G_{it}表示的是省级非税收入；Gr_{it}表示的是非税收入占一般公共预算收入的比重。由表6-2可知，省级财政透明度对非税收入及其占一般公共预算收入比重的回归也证明了省级层面数理模型分析结论的成立。当然，这里基于稳健性检验所做的区域分析结果远不如在省级财政透明度对财政纾压及其比率的回归中显著，也即区域分析结果没有为省级层面数理模型分析结论的成立提供充分的支持，但这里值得一提的是东部区域，省级非税收入和非税收入占一般公共预算收入的比重都对省级财政透明度产生正向影响，

且这些正向影响的系数基本上都高于全国水平,这说明基于非税收入及其占一般公共预算收入比重视角下的省级层面数理模型分析结论的成立是有条件的,即省级辖域应具有一定的税收收入课征基础;否则,数理模型分析结论不易成立,中部、西部区域的实证分析结果就是论据。回顾第五章中的统计数据,中部、西部区域的省级税收收入较小,非税收入占比较大。这意味着中、西部区域筹集到的非税收入在供给公共产品或服务中承担的压力相对较大。换言之,当中、西部区域的省级政府通过筹集非税收入供给公共产品或服务时,也只是从一定程度上完成了对税收收入在供给公共产品或服务中的替补,所以数理模型分析结论的成立可以理解为是地方政府税收收入达到一定程度的产物。

第二节 市级财政纾压对财政透明度的影响辨析

一 市级财政透明度与财政纾压及其比率的相关性分析

与省级层面展开相关性分析的前提一致,市级财政透明度与财政纾压及其比率也存在相同的特征——"市际间差异""上升"等。以这些特征为基础,本节将对其展开相关性分析,以期能为市级层面数理模型分析结论的成立提供判断依据。由于本书撰写时,部分城市的数据发布存在滞后和缺失的状况,不利于实证分析的开展,所以从数据完整性和样本量最大化的角度考虑,关于市级财政透明度与财政纾压及其比率的实证分析将以 288 个城市 2014—2020 年的数据为基础。图 6-8 显示的是 288 个城市财政透明度与财政纾压及其比率的相关系数密度直方图。

由图 6-8 可知,多数城市的财政透明度与财政纾压及其比率都存在正向关系。按照相关系数的评判规则,在市级财政透明度与财政纾压的相关关系中,关系较强的城市共有 108 个,占 288 个城市

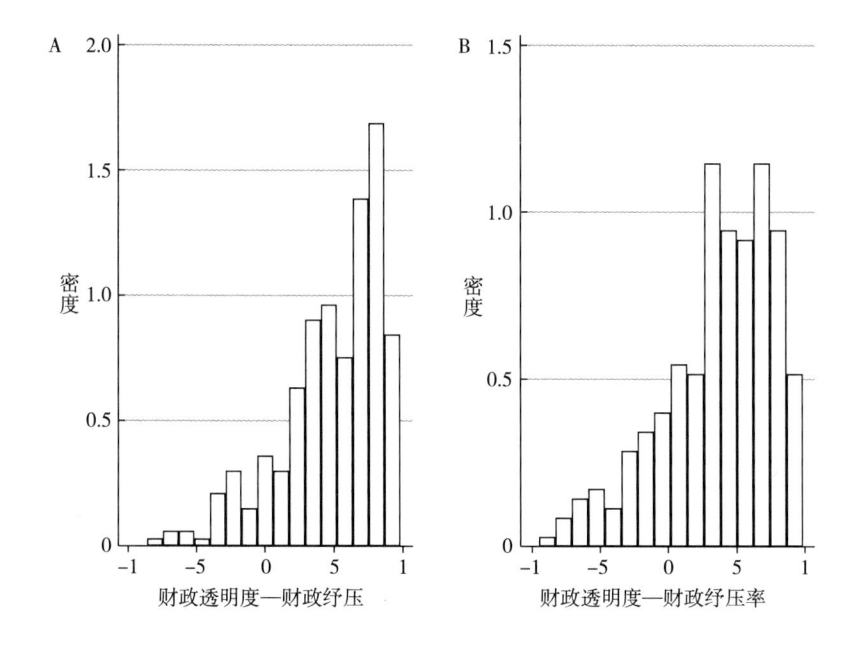

图 6-8 市级财政透明度与财政纾压（A）及其比率（B）的相关系数密度直方图

的 37.5%；关系适中的城市则有 118 个，占被研究城市的 40.97%；而关系较弱的城市有 62 个，占比为 21.53%。若将相关系数高于 0.3 作为市级层面数理模型分析结论成立的标准，那么共有 214 个城市符合条件；即使将市级层面数理模型分析结论成立的标准严格提升到相关系数高于 0.7，符合条件的城市也有 106 个，占比达三成以上。

同样按照相关系数的评判规则，在市级财政透明度与财政纾压率的相关关系中，关系较强的城市有 77 个，关系适中的城市为 134 个，而剩余的 77 个城市则关系较弱。在这其中，如果还是以相关系数高于 0.3 作为市级层面数理模型分析结论成立的证据，那么共有 186 个城市符合条件；而若将证据标准提高到相关系数高于 0.7，则会有 72 个城市符合条件，占比为 25%。相较于财政纾压率，财政纾压与财政透明度的相关关系更易呈现出数理模型分析中第一个结

◇ 地方财政纾压对财政透明度的影响研究

论的成立。而在借助相关性分析证明市级层面财政透明度与财政纾压及其比率存在正向关系后，我们仍可以通过二者的相关系数与财政纾压及其比率平均值的线性关系论证数理模型分析第二个结论能否成立，具体如图6-9所示。

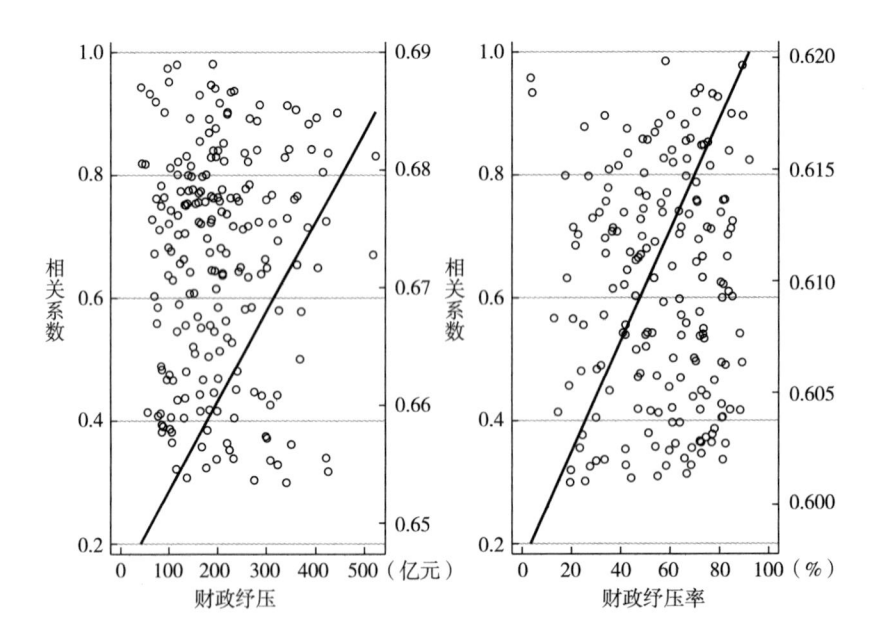

图6-9 相关系数与财政纾压及其比率的平均值散点与线性拟合图①

由图6-9可知，两组线性关系都证明了数理模型分析的第二个结论的成立。具体而言，当财政纾压变大时，市级财政透明度与财政纾压的正向关系也会增强，这意味着作为财政收入课征基础信息量现实替代的财政纾压在推动财政透明度的提升中发挥着积极作用，也即市级层面的财政透明制度约束存在弱化的情况。同理，当财政纾压率增大时，市级财政透明度与财政纾压率的正向关系也越发显著，这表示市级政府在对一般公共预算收入以外的财政资金依

---

① 由于重庆市等的财政纾压较大，属于异常值，所以为了减少异常值的影响，准确总结二者的线性特征，这里采用了Winsor2命令进行了缩尾处理，口径为2%。

第六章
财政纾压影响财政透明度的刍议

赖增强时，会提升财政透明度，也即从财政纾压率的角度论证了市级层面财政透明制度约束弱化的存在。显然，与省级层面的分析相比，市级层面的同类分析结果略有不同，主要是财政纾压率与财政透明度的相关系数和财政纾压率的线性关系呈现正相关，这可能表示市级层面的财政透明制度约束弱化要比省级层面的突出。在时间维度的探讨上，本节的处理与第一节相一致，只在私下进行了相关性分析，因为其相关系数不高，所以没有占用较多的篇幅进行阐述。

二 财政纾压影响财政透明度的市级模型

在本节的实证模型分析中，除了市级财政纾压及其比率外，为了准确获得影响市级财政透明度的其他因素，我们仍将采用逐步回归法。同时，出于消除量纲影响的考虑，将对各自变量取对数，具体的模型形式可参见式（6-2）。这里需要指明的是，由于市级财政纾压率已属于比率，所以在实证模型中没有取对数。而为了检验模型的稳健性，仍将在实证分析中给出区域视角下的回归结果，具体内容如表6-3所示。

表6-3 市级财政透明度对财政纾压及其比率的回归结果

变量	全国 (1)	全国 (2)	东部 (3)	东部 (4)	中部 (5)	中部 (6)	西部 (7)	西部 (8)
$\ln G_{it}$	0.05*** (3.83)		0.04*** (3.26)		0.04 (0.97)		0.15*** (3.02)	
Gr_{it}		0.005*** (5.09)		0.005*** (3.81)		0.0001 (0.12)		0.009*** (4.92)
$lmedu_{it}$	−0.08*** (−4.15)	−0.08*** (−3.92)	−0.14*** (−3.58)	−0.13*** (−3.39)	−0.03 (−0.85)	−0.03 (−0.83)	−0.08** (−2.35)	−0.09** (−2.59)
$lcosm_{it}$	0.08*** (2.73)	0.09*** (2.99)	0.07 (1.11)	0.08 (1.33)	0.01 (0.13)	0.02 (0.32)	0.15*** (3.29)	0.14*** (3.12)
$lsav_{it}$	0.34*** (7.46)	0.36*** (9.55)	0.34*** (5.94)	0.35*** (6.08)	0.5*** (6.70)	0.52*** (7.27)	0.06 (0.79)	0.18** (2.41)

— 115 —

续表

变量	全国		东部		中部		西部	
	(1)	(2)	(3)	(4)	(5)	(6)	(7)	(8)
$lins_{it}$	-0.17*** (-4.42)	-0.12*** (-3.14)	-0.17*** (-2.87)	-0.12* (-1.85)	-0.35*** (-5.19)	0.36*** (-5.30)	0.03 (0.37)	0.86 (1.20)
C	-0.73*** (-2.76)	-1.72*** (-5.20)	0.18 (0.45)	-0.91* (-1.79)	-0.49 (-0.85)	-0.66 (-1.12)	0.21 (0.39)	-2.14*** (-3.21)
R^2	0.1403	0.1398	0.1669	0.1638	0.1208	0.1226	0.1171	0.1340
$Obs.$	2016	2016	700	700	700	700	616	616

注：***、**、*分别表示通过了1%、5%和10%的显著性水平。

根据逐步回归法，除了市级财政纾压（G_{it}）及其比率（Gr_{it}）外，中等职业技术学校在校学生数（$medu_{it}$）、社会消费品零售总额（$cosm_{it}$）、年末金融机构存款余额（sav_{it}）和失业保险参保人数（ins_{it}）等都是显著影响市级财政透明度的因素。其中，市级财政纾压及其比率、社会消费品零售总额和年末金融机构存款余额对市级财政透明度具有正向影响，中等职业技术学校在校学生数和失业保险参保人数则与市级财政透明度存在反向关系。从其经济学含义来讲，这些影响因素分别代表了研究对象的人力培养、市场规模、金融环境和就业保障，这样结合市级财政纾压对财政透明度的影响，其结论可以解读为：其一，市级财政透明度的提升是财政透明制度约束力趋于弱化的结果；其二，市场规模和金融环境的改善有助于提升市级财政透明度；其三，人力培养和就业保障的提升会降低市级财政透明度。显然，这些结论的成立得到了全国层面实证分析的有力支持，在区域层面的实证分析中则要打一些折扣，因为在作为稳健性检验的区域实证模型中，总是会出现回归系数不显著的问题。这其中就包括市级财政透明度对财政纾压及其比率的区域回归分析，中部区域的市级财政透明度对财政纾压及其比率的回归系数都没有通过显著性检验，但好在这个结果对市级层面数理模型分析结论的成立影响不算很大。东部、西部区域的市级财政透明度对财政纾压及其比率的回归系数则都显著为正,而且东部、西部区域的回归系数对比显示市级财政纾压及其比率越大,财政透明度越容易提升,这再一次证明了市级层面数理模型分析结论的成立。

第三节 县级财政纾压对财政透明度的影响初探

一 县级财政透明度与财政纾压及其比率的相关性分析

承继上文的研究思路,本节将对陕西省县级财政透明度与财政纾压及其比率的相关性展开分析,以期能为县级层面数理模型分析结论成立提供判断依据的同时,也能为实证分析奠定基础。由于针对陕西省县级财政透明度调查形成的结果属于截面数据,所以关于陕西省县级财政透明度与财政纾压及其比率的相关性分析结果就只能是一个数值。而为了全面了解陕西省县区财政透明度与财政纾压及其比率的相关性,我们也可以基于市级角度给出二者的相关系数。表6-4给出的是陕西省2020年所有县区和市级角度下的财政透明度与财政纾压及其比率的相关系数。

表6-4 陕西省县区财政透明度与财政纾压及其比率的相关系数

县区	FT-Notch	FT-Notchr	县区	FT-Notch	FT-Notchr
陕西省	-0.12	-0.18	安康市	0.65	-0.52
西安市	-0.35	-0.46	汉中市	-0.21	-0.25
商洛市	-0.26	-0.01	铜川市	0.48	-0.73
咸阳市	-0.25	0.07	延安市	0.03	-0.11
渭南市	0.09	-0.02	榆林市	0.14	-0.07
宝鸡市	-0.42	0.38			

这里的 FT-Notch 表示的是县级财政透明度与财政纾压的相关系数，FT-Notchr 则代表的是县级财政透明度与财政纾压率的相关系数。从结果来看，无论是县级财政透明度与财政纾压的相关关系，还是县级财政透明度与财政纾压率的相关关系，整体上都表现得不尽如人意。这可能与两个原因有关：其一，县级财政透明度的调查框架设计较为简单，使县际间存在的财政透明度差异没有更为细致地呈现出来，进而导致其与财政纾压及其比率的相关系数不高；其二，截面数据存在随机性的问题，不同于面板数据，截面数据只是对某一辖域社会经济发展状况定格式的记录，缺乏全面动态的叙述，所以利用截面数据进行的相关性分析会缺失对研究对象差异的考虑。当然，这里并不是要否定上述工作，恰恰相反，本着"管中窥豹，可见一斑"的原则，通过已得的相关性结果或许可以明确县级层面数理模型分析结论能否成立。从分析结果来看，县级财政透明度与财政纾压及其比率的相关关系多以反向为主，这表示县级层面的相关性分析结果并不支持数理模型分析结论的成立。而为了检验这一判断的准确与否，下文将展开实证分析。

二 财政纾压影响财政透明度的县级模型

考虑到县级财政透明度的调查框架设计较为简单，形成的数据虽能体现县际间差异但较为笼统，所以在实证分析中将采用多元 Logit 模型。在县级财政透明度的调查框架中，10 分是一个指标的满分，这意味着当县际间的财政透明度分差为 10 分时，相对比的两个县级政府在财政信息公开上存在显著的差异。基于此，我们将县级财政透明度调查结果分为三档：90—100 分为第一档；80—90 分（不含）为第二档；低于 80 分（不含）为第三档。从占比来看，这三档区间内的县区分别占到陕西省 107 个县区的 22.43%、31.78% 和 45.79%，分档较为合理。表 6-5 给出的是基于多元 Logit 模型的县级财政透明度对财政纾压及其比率的回归结果。

第六章 财政纾压影响财政透明度的刍议

表 6-5　县级财政透明度对财政纾压及其比率的回归结果

变量		Mlogit (1)	Mlogit (2)	Ologit (3)	Ologit (4)
$\ln G_i$	FT_1	-1.29** (-2.44)		-0.86** (-2.10)	
Gr_i	FT_1		-0.02* (-1.87)		-0.01* (-1.69)
$lpopu_i$	FT_1	0.67* (1.87)	0.28 (0.74)	0.47* (1.83)	0.17 (0.70)
C	FT_1	12.9** (1.99)	-0.22 (-0.12)	—	—
$\ln G_i$	FT_2	0.11 (0.15)			
Gr_i	FT_2		-0.001 (-0.08)		
$lpopu_i$	FT_2	-0.03 (-0.10)	-0.008 (-0.03)		
C	FT_2	-1.63 (-0.20)	-0.25 (-0.14)		
base outcome		FT_3	FT_3	—	—
Prob>Chi2		0.0509	0.0853	0.0028	0.0722

这里的 G_i 表示的是县区 i 的财政纾压，Gr_i 是县区 i 的财政纾压率，$popu_i$ 表示的是县区 i 的常住人口数，其是采用逐步回归法得到的除财政纾压及其比率以外的能够显著影响县级财政透明度的因素；FT_N 则代表第 N 档的县级财政透明度区间。为了消除量纲的影响，这里也对县级财政纾压和常住人口数取了对数。从回归结果来看，第三档县级财政透明度区间属于基准组。与基准组相比，当县级财政纾压每增加 1% 时，陕西省县区选择公开第一档财政信息的胜算比对数将下降 1.29，这表示县级财政纾压的扩大不会导致财政透明度的提升，也即说明县级层面的数理模型分析结论并不成立。

当然，第二档县级财政透明度区间的回归结果显示当县级财政纾压增加1%时，陕西省县区选择公开第二档财政信息的胜算比对数会出现上升，这看似证明了县级层面数理模型分析结论的成立，但因为其回归系数没有通过显著性检验，所以其并不为据。而为了进一步检验回归结果的稳健性，本节还利用有序 Logit 模型进行了分析。回归结果显示，陕西省县级财政纾压及其比率都与财政透明度存在反向关系。这种反向关系在进一步的边际效应分析中呈现为：当县级财政纾压增加 1% 时，财政透明度处于第一档的概率将下降 13.61%，在第二档的概率将下降 6.65%；当县级财政纾压率变动一个单位时，财政透明度处于第一档的概率将下降 0.25%。总结而言，虽然样本量较少，但无论是多元 Logit 模型，还是有序 Logit 模型，都显著表示县级层面的财政纾压对财政透明度具有反向影响，也即说明财政透明制度约束力在县级层面发挥了一定的功能，或者说县级财政纾压的资金渠道较窄。这有别于省级和地市级的实证分析结果，将为我们思考地方财政体制改革提供参考依据。

第七章

财政纾压影响财政透明度的空间探讨

随着社会经济的不断发展，信息在我国社会各领域中的地位越发凸显。这主要表现在借由信息的引入，各行业的产品质量和服务效率得到了大幅提升，提高了社会公众的生活水平，还体现在各行业发展理念实现了创新，甚至经济结构也能得以转型升级。对此，学者进行了广泛的论证。扈文秀等（2021）的研究发现，高质量的信息披露有助于提高公司的风险承担水平，而管理层的持股激励则会增强这种积极效应。黄宏斌等（2021）也认为信息披露在企业运行中具有重要作用。他们以2009—2018年的上市公司为对象研究发现，自媒体营销信息的披露能够显著提升企业绩效，特别是对于消费者不敏感的行业，这种信息披露的积极影响更为显著。殷枫和张婧瑶（2022）则指出，客户信息透明与企业投资决策存在密切联系，这种联系体现在客户信息透明的提升可以显著增加企业的研发投资，抑制企业的资本投资。除了对企业运行产生影响外，信息在产业发展中的作用也尤为明显。朱红根和姚莉萍（2016）的研究就表明，农户对专业用地的认知与保护受信息的显著影响，只是这种影响的强弱会因传播信息的渠道不同而有所差异。而翁飞龙等（2021）则是直接指出，以互联网发展为契机的农户搜寻信息的能力提升可以促进农地流转，实现市场化进程。当然，信息的影响并不局限于微观主体，其对社会治理的影响也极为深远。2019年末新冠疫情的暴发对我国社会关系造成了巨大的挑战，其中社会疏离的问题尤为凸显。因为抗击疫情的有效措施是进行社会学意义上的社会隔离，这就会拉开社会主体之间的距离，这种距离并非只在物理空间中存在，还会出现于心理空间。如果不能对此进行有效的解决，将对社会稳定产生巨大的冲击，尤其是在信息真伪并存且传播速度极快的背景下，这一问题的解决更显迫切。从积极的角度来看，人类进入互联网时代是一种进步，但当以互联网为媒介的信息传播充斥着恐慌、焦虑和仇视等内容时，这无疑会造成社会撕裂和社会失序。相关研究就表明，在突发公共卫生事件中，官方信源、信息交互度和网络舆论压力等信息变量之间存在显著的相互影响，如若能够正确处理三者之间的关系，将有助于降低突发公共卫生事件的消极影响（刘焕，2022）。而关于信息的社会经济效应不一而足，这里限于篇幅，不再赘述。至此，借由信息地位的阐述，信息作为资源之态业已显现。

信息作为一种资源是因为信息作为满足人类需求的生产要素在可供选择的使用方向上存在稀缺性。在传统经济活动中，物质资源、人力资源和能源资源等都是影响企业效益的要素。而随着社会经济的发展，信息作为生产要素的趋势日渐明朗。即便不是以生产要素的身份出现，也在非信息生产要素之间起到"促进剂"的作用，提升这些生产要素的价值。由于信息作为一种资源具有极强的渗透性，所以其对社会经济活动的影响是多方面的。换言之，当同一信息资源渗透到社会经济活动中时，不同的市场主体对其的反应会明显各异，这就暗示了信息作为一种资源也会面临有效配置的问题。稀缺性是任何经济资源都会具备的基本特征。信息作为资源具有这一特征的原因在于：其一，信息出现之初并不具备或只具备有限的价值，需要投入一定的人力和物力对其进行开发，由于这些投入在既定的时间和空间内是有限的，所以信息作为资源的体量也是一定的；其二，信息作为一种资源具有固定不变的总效用，这种总

第七章
财政纾压影响财政透明度的空间探讨

效用是信息资源使用者在信息资源被投入到经济活动中可获得的满足需求的程度，它会因信息资源的使用次数增多而出现减少。除了具备资源的一般特征外，与其他物质或能源资源相比，信息资源还具有特殊性。这种特殊性表现在信息资源还具有共享性、时效性、不可分性、不同一性、驾驭性、累积性和再生性等特征。也正是因为这些特征，才使信息资源具备其他经济资源所不能替代的功能，这其中就包括外溢性。

与其他经济资源相比，信息资源的外溢性可能会更为显著，这是因为其具有共享性的特征。从某种程度来讲，共享性实质上是对信息资源具有流动性和扩散性的一种概括。由于信息可以存在于声音、图片、体积或颜色等中，所以信息的流动或扩散要比其他经济资源更为便捷，这就使信息资源极易产生外溢性。在这一思路的导向下，学者从不同角度进行了论证。汪兴东等（2013）以普通消费者为对象研究发现，农产品区域品牌的负面信息存在显著的外溢性，这种外溢性表现在当某一农产品区域品牌的负面信息的可靠性和强度较高且传播范围较广时，会引起消费者对类似品牌的审视。刘慧和綦建红（2018）则以我国企业的新贸易关系为例研究发现，当与企业的距离较小、出口行为相近且都属于一类所有权时，邻近企业的信息溢出有助于降低企业的出口不确定性。不确定性与信息不对称也被认为是产生医患矛盾的重要原因，对此顾海和刘曦言（2019）研究发现，互联网医疗信息存在显著的外溢性，是缓解医患之间信息不对称、增加优质医疗资源可及性的有效途径。

归纳而言，信息的外溢性是一个不容忽视的事实，值得我们利用一个篇章对其进行阐述，尤其是在地方竞争存在的背景下，我们想要明晰财政纾压对财政透明度的影响是否也存在溢出效应。目前，关于财政纾压是否对财政透明度具有溢出影响的研究极为少见，仅有的与之相关联的文献也主要是探讨财政透明的溢出效应。孙振清和鲁思思（2020）研究发现，政府信息透明在提高绿色全要素生产率中具有显著的空间溢出效应。冯力沛（2020）则通过分析

◇ 地方财政纾压对财政透明度的影响研究

我国168个城市的财政透明引资效应发现，财政透明的提升有助于吸引邻近城市的外商投资，产生"竞争性"效应。虽然这些文献的研究对象不同，得出的结论也截然不同，但却都肯定了财政信息公开外溢性的存在。基于此，分析财政纾压对财政透明度的溢出效应也就有了最初的依据。

第一节　财政纾压影响财政透明度的空间数理模型

虽然在第三章中，我们利用相当的篇幅阐述了财政纾压影响财政透明度的数理逻辑，但其中涉及外溢性的内容则只是一笔带过。这里为了明晰财政纾压对财政透明度影响的溢出效应，将延续第三章的论述，完成外溢性视角下数理分析的未尽之事。首先，化繁为简，直接给出数理分析中引入政府 j 和财政透明制度 f 的模型结果。

$$\frac{\dfrac{S_i}{\tau_i B_i} \times \dfrac{f_i}{\bar{f}} \gamma_i}{\dfrac{S_j}{\tau_j B_j} \times \dfrac{f_j}{\bar{f}} \gamma_j} = \frac{\dfrac{1-\rho_i}{\bar{f}}}{\dfrac{1-\rho_j}{\bar{f}}} \qquad (7-1)$$

在式（7-1）中，S_i（S_j）代表的是公众可以从政府 i（政府 j）处获得的公共服务水平，τ_i（τ_j）表示的是政府 i（政府 j）的财政收入课征率，B_i（B_j）和 f_i（f_j）分别代表的是政府 i（政府 j）公开的课征财政收入基础和财政资金信息，这里可以将 $S/\tau B$ 定义为公共服务绩效；ρ_i（ρ_j）是政府 i（政府 j）因提供公共产品或服务而抽取的"租金"比例；γ_i（γ_j）是政府 i（政府 j）的成本指数，包含不受政府控制的诸如人口特征等影响公共服务水平的其他因素；F_i（F_j）是政府 i（政府 j）的财政收入课征基础信息量。

第七章 财政纾压影响财政透明度的空间探讨

根据模型假设，公众与政府之间存在信息不对称，这种信息不对称反映到式（7-1）中为：其左边是公众可以知晓具体信息的变量，右边则是只有政府知晓具体信息的变量。公众可以借由政府间左边变量的对比结果来获知政府 i 或政府 j 在抽取"租金"与摆脱财政透明制度"制约"之间的基本状况。到此为止，探讨财政纾压影响财政透明度的溢出效应的数理框架就已构建完成。以此为基础，我们可以提出两个假设，且这两个假设都以不改变政府 i 和政府 j 的公共服务绩效（$S_i/\tau_i B_i$，$S_j/\tau_j B_j$）、成本指数（γ_i，γ_j）和抽取的租金比例（ρ_i，ρ_j）为前提。

H1：当政府 j 的财政收入课征基础信息量 F_j 增大时，如果政府 j 不调整财政透明度 $f_j/\bar{f}$，那么政府 i 会降低财政透明度 $f_i/\bar{f}$。换言之，当其他条件不变时，政府 j 的财政收入课征基础信息量 F_j 与政府 i 的财政透明度 $f_i/\bar{f}$ 存在反向关系。

H2：当政府 j 的财政收入课征基础信息量 F_j 增大时，如果政府 j 提升财政透明度 $f_j/\bar{f}$，那么政府 i 也会提高财政透明度 $f_i/\bar{f}$。

为了验证这一假设是否成立，我们将承继第五章的思路利用财政纾压及其比率替代财政收入课征基础信息量，其理由已然在第五章中阐明，这里考虑到篇幅所限，不再赘述。需要特别说明的是，由于陕西省县区财政透明度样本量较少会限制空间分析的实施，所以这里将着重探讨数理模型分析结论能否在省级和地市级的空间模型中成立。式（7-2）给出的是各变量取对数后的空间杜宾模型。

$$\ln FT_{it} = \rho \sum_{j=1}^{n} W_{ij} \times \ln FT_{jt} + \gamma \sum_{j=1}^{n} W_{ij} \times \ln G_{jt} + \alpha_1 \times \ln G_{it} + \alpha_2 \times \ln X_{it} + \mu_i + \nu_t + \varepsilon_{it} \qquad (7-2)$$

在式（7-2）中，FT_{it}（FT_{jt}）表示的是第 i 个（第 j 个）研究对象 t 年的财政透明度；G_{it}（G_{jt}）是第 i 个（第 j 个）研究对象 t 年的财政纾压及其比率；X_{it} 是影响第 i 个研究对象 t 年的财政透明度的其他因素。为了消除量纲的影响，均对各变量进行了取对数。μ_i

表示个体效应，ν_t 是时间效应，ε_{it} 是残差项；W_{ij} 是研究对象的空间矩阵。在第四章与第五章中，我们已对地方财政透明度和财政纾压及其比率进行了空间视角下的阐述，结果显示二者都或多或少地存在一些"集聚"特征，考虑到相邻的研究对象在社会经济发展上存在诸多的相似性，我们将以地理相邻为准则构建空间矩阵。而为了检验实证结果的稳健性，我们将采用不同的赋值规则定义空间矩阵，具体可见 W_{ij}^A 和 W_{ij}^B。

$$W_{ij}^A = \begin{cases} 1, & 当研究对象 j 是研究对象 i 的邻居时 \\ 0, & 当研究对象 i 与研究对象 j 不属于上述情况时 \end{cases}$$

或

$$W_{ij}^B = \begin{cases} 1, & 当研究对象 j 是研究对象 i 的邻居或是研究对象 i 的邻居的邻居时 \\ 0, & 当研究对象 i 与研究对象 j 不属于上述情况时 \end{cases}$$

第二节 财政纾压影响财政透明度的省级空间检验

一 省级莫兰检验结果

回顾第四章与第五章，在对省级财政透明度和财政纾压及其比率的空间特征阐述时，我们只是凭借感觉判断三者存在空间上的"集聚"，这样的结论难免会有些武断。为了验证省级财政透明度和财政纾压及其比率是否存在显著的空间集聚特征，表7-1给出的是省级层面三个主要变量各年的莫兰指数（Moran's I）检验结果。

表7-1　省级层面三个主要变量各年的莫兰指数检验情况

年份	财政透明度		财政纾压		财政纾压率	
	W_{ij}^A	W_{ij}^B	W_{ij}^A	W_{ij}^B	W_{ij}^A	W_{ij}^B
2009	-0.014	0.023	0.049	-0.022	0.559***	0.367***
2010	0.142**	0.112	0.084	-0.019	0.581***	0.369***

第七章 财政纾压影响财政透明度的空间探讨

续表

年份	财政透明度 W_{ij}^A	财政透明度 W_{ij}^B	财政纾压 W_{ij}^A	财政纾压 W_{ij}^B	财政纾压率 W_{ij}^A	财政纾压率 W_{ij}^B
2011	-0.111	-0.058	0.143	-0.019	0.539***	0.341***
2012	-0.159	-0.086	0.166	-0.016	0.565***	0.364***
2013	-0.127	-0.101	0.152	-0.013	0.579***	0.373***
2014	-0.171	-0.068	0.163	0.002	0.572***	0.372***
2015	0.027	0.066	0.088	-0.009	0.607***	0.368***
2016	-0.168	-0.016	0.099	-0.001	0.629***	0.393***
2017	-0.206	-0.067	0.094	0.001	0.622***	0.398***
2018	-0.191	-0.047	0.044	-0.013	0.602***	0.397***

注：***、**、*分别表示通过了1%、5%和10%的显著性水平。

由表7-1可知，无论是相邻省份的空间视角（W_{ij}^A），还是相邻省份及其"邻居"的立场（W_{ij}^B），省级财政透明度的莫兰指数都以负数为主，这表示省级财政透明度存在显著的空间差异。虽然在第四章基于"外溢性"视角描述的省级财政透明度均值状况表现出明显的"扩散性"，但是其是在不考虑各省份财政透明度变动情况下的结果。与省级财政透明度的空间相关性相比，省级财政纾压的空间相关性要略显不同，其莫兰指数在不同空间矩阵中存在相反的结果。具体而言，在相邻省份及其"邻居"的空间立场（W_{ij}^B）下，省级财政纾压表现出明显的空间差异，而在相邻省份的空间视角（W_{ij}^A）下则表现出"集聚"特征，这说明距离越近，省际间的财政纾压越相似。当然，省级财政透明度和财政纾压的莫兰指数都没有通过显著性检验，这成为以上结论成立的掣肘。不过，省级财政纾压率的空间相关性却表现突出，其莫兰指数在任何一个空间矩阵中都为正，且都通过了1%的显著性检验，这表示省级财政纾压率存在显著的空间"集聚"特征。以这些分析为基础，结合第六章中基于个体视角进行的实证研究，我们将对省级层面数理模型分析结论的空间表现展开探讨。

二 省级实证分析结果

在第六章基于个体视角进行的省级层面数理模型分析结论成立与否的论证中，我们利用逐步回归法分析发现，除了省级财政纾压（G_{it}）及其比率（Gr_{it}）外，常住人口数（$popu_{it}$）、外商投资企业投资总额（$finv_{it}$）和社会消费品零售总额（$cosm_{it}$）等都是能够显著影响省级财政透明度的因素，而这三个因素分别代表了研究对象的公共产品或服务的受众规模、营商环境和市场规模。以此为基础，按照式（7-2）设置的框架，本节将进行空间实证分析，结果如表7-2所示。

表7-2　　　　　　省级层面的空间杜宾模型回归结果

	W_{ij}^A				W_{ij}^B			
	（1）	（2）	（3）	（4）	（5）	（6）	（7）	（8）
$W_{ij}\times\ln FT_{jt}$	0.014 (0.81)	0.01 (0.58)	0.003 (0.22)	0.00 (0.00)	0.029*** (3.30)	0.027*** (2.99)	0.015** (2.09)	0.013* (1.87)
$W_{ij}\times\ln G_{jt}$	-0.014* (-1.64)	-0.01 (-1.24)			-0.015*** (-3.71)	-0.014*** (-3.25)		
$\ln G_{it}$	0.429*** (9.57)	0.456*** (9.17)			0.371*** (8.28)	0.396*** (7.79)		
$W_{ij}\times\ln Gr_{jt}$			-0.017 (-1.35)	-0.012 (-0.92)			-0.018*** (-2.87)	-0.016** (-2.49)
$\ln Gr_{it}$			0.64*** (9.66)	0.682*** (9.21)			0.559*** (8.10)	0.603*** (7.68)
$lpopu_{it}$	-0.509*** (-7.81)	-0.492*** (-7.34)	-0.643*** (-8.70)	-0.642*** (-8.57)	-0.478*** (-7.36)	-0.463*** (-6.92)	-0.571*** (-7.41)	-0.569*** (-7.31)
$lcosm_{it}$	0.398*** (8.16)	0.303*** (3.38)	0.792*** (12.14)	0.729*** (9.06)	0.365*** (7.39)	0.285*** (3.15)	0.682*** (9.02)	0.628*** (7.13)
$lfinv_{it}$		0.059 (1.26)		0.061 (1.29)		0.049 (1.06)		0.054 (1.19)
C	1.212*** (3.34)	1.288*** (3.46)	-0.355 (-0.75)	-0.404 (-0.83)	1.613*** (4.53)	1.655*** (4.58)	0.268 (0.55)	0.176 (0.35)

续表

	W_{ij}^A				W_{ij}^B			
	（1）	（2）	（3）	（4）	（5）	（6）	（7）	（8）
Pseudo R^2	0.4660	0.4664	0.4720	0.4706	0.4648	0.4688	0.4767	0.4778
AIC	166.6633	167.0515	165.9934	166.2866	161.1211	161.9883	162.8674	163.4205
BIC	196.5558	200.6806	195.886	199.9158	191.0137	195.6174	192.76	197.0496

注：＊＊＊、＊＊、＊分别表示通过了1%、5%和10%的显著性水平。

由表7-2可知，H1和H2两个假设结论基本上是成立的。无论是在相邻省份的空间视角（W_{ij}^A）下，还是基于相邻省份及其"邻居"的空间立场（W_{ij}^B），财政透明度的提升都能产生正向的溢出效应，而这种正向的溢出效应在相邻省份及其"邻居"的空间立场（W_{ij}^B）中表现得尤为显著。数据显示，当一个省份的相邻省份及其"邻居"的财政透明度提升1个百分点时，这个省份的财政透明度将显著增加约0.02个百分点。即便将衡量财政收入课征基础信息量的指标由财政纾压替换为财政纾压率，当这个省份的相邻省份及其"邻居"的财政透明度增加1个百分点，其财政透明度也会显著提升约0.01个百分点。由于在不同的空间矩阵中省级财政透明度的正向溢出效应存在是否通过显著性检验的区别，所以空间距离也是影响省级财政透明度高低的重要因素。

与省级财政透明度的空间溢出类似，空间距离在省级财政纾压及其比率对财政透明度的空间溢出效应中也是重要的影响因素。从分析结果来看，省级财政纾压及其比率在相邻省份及其"邻居"的空间视角（W_{ij}^B）下对财政透明度具有的反向溢出效应更为显著。回看表7-2中的列（5）至列（8），当一个省份的相邻省份及其"邻居"的财政纾压增加1个百分点时，这个省份的财政透明度将显著降低约0.01个百分点；而当其相邻省份及其"邻居"的财政纾压率增加1个百分点时，这个省份的财政透明度则会显著下降约0.02个百分点。虽然列（1）至列（4）的结果显示在相邻省份的空间立场（W_{ij}^A）中省级财政纾压及其比率对财政透明度的空间溢出效应并不显著，但其回归系数的符号与后四列相一致，这也再次证明了 H1 结论的成立。

由于 H1 和 H2 的区别在于是否假定了政府 j 提升财政透明度 $f_j/\bar{f}$，所以财政纾压对财政透明度的溢出影响在模型中可以解读为省级财政透明度和财政纾压或其比率的空间溢出效应的综合。换言之，将政府 j 的财政纾压或其比率对政府 i 的财政透明度的影响与政府 j 的财政透明度对政府 i 的财政透明度的影响相加就构成了政府 j 承受财政透明制度约束的溢出效应。回顾上文的阐述，在相邻省份及其"邻居"的空间视角（W_{ij}^B）下，其他省份的财政纾压的单位变动将引起本省份财政透明度下降约 0.015 个百分点，而其他省份的财政透明度的单位变动则会促使本省份的财政透明度提升约 0.028 个百分点，这样其他省份承受的财政透明制度约束弱化能够对本省份的财政透明度产生近 0.013 个百分点的正向溢出影响。同理，其他省份的财政纾压率的单位变动也会引起本省份的财政透明度下降约 0.017 个百分点，而其他省份的财政透明度的单位变动则会促使本省份的财政透明度提高约 0.014 个百分点。两相加总，我们得出了不同的结果——其他省份承受的财政透明制度约束弱化对本省份的财政透明度具有反向溢出影响。这显然与 H2 的假设结论相悖离，但换一个角度思考却也存在一定的合理性。假设政府 j 的财政纾压率的分母（一般公共预算支出）足够大，这样当政府 j 的财政纾压率增加 1 个百分点时，就表示其财政收入课征基础信息量将出现显著的增多。而在此情况下，政府 j 可以选择提升财政透明度 $f_j/\bar{f}$ 满足公众对高财政透明度的诉求，也可以选择不调整财政透明度 $f_j/\bar{f}$。显然，如果政府 j 不调整财政透明度 $f_j/\bar{f}$ 就不会对政府 i 的财政透明度 $f_i/\bar{f}$ 造成提升压力，但当政府 j 为了满足公众需求选择提高财政透明度 $f_j/\bar{f}$ 时，政府 i 的财政透明度 $f_i/\bar{f}$ 就需要面对提升的压力，而这会将压力传导给政府 i 抽取的租金比例 ρ_i，因为在短期内政府 i 可能不会像政府j一样在缓解财政压力上有所作为，所以为了维护自身利益，政府i可能会反其道而行之，选择降低财政透明度f_i/f，这也再次说明政府公开财政信息存在随意性。

关于其他因素对省级财政透明度的影响则与第六章的结果相一致。其中，省级财政纾压及其比率对财政透明度具有正向影响，这再度证明了省级层面数理模型分析结论的成立——省级财政透明度的提升是财政透明制度约束力趋于弱化的结果。在常住人口数、社会消费品零售总额和外商投资企业投资总额对省级财政透明度的影响上，只有外商投资企业投资总额没有通过显著性检验，其他两个因素也如第六章的结果对省级财政透明度具有显著的影响，这表示在提升省级财政透明度的过程中不能忽视省级公共产品或服务的受众规模和市场规模的影响。

第三节 财政纾压影响财政透明度的市级空间检验

一 市级莫兰检验结果

相较于省级层面的财政透明度和财政纾压及其比率，市级层面的财政透明度和财政纾压及其比率所表现出的"集聚"特征更为明显。而为了验证这种判断是否准确，本节将利用莫兰指数对市级层面的这三个主要变量进行检验，具体结果如表7-3所示。

表7-3　　　　　市级层面三个主要变量各年的
空间全局自相关检验情况

年份	财政透明度		财政纾压		财政纾压率	
	W_{ij}^A	W_{ij}^B	W_{ij}^A	W_{ij}^B	W_{ij}^A	W_{ij}^B
2014	0.133***	0.144***	0.087**	0.085***	0.377***	0.270***
2015	0.088**	0.110***	0.028	0.045**	0.338***	0.228***

续表

年份	财政透明度		财政纾压		财政纾压率	
	W_{ij}^A	W_{ij}^B	W_{ij}^A	W_{ij}^B	W_{ij}^A	W_{ij}^B
2016	0.103***	0.096***	0.013	0.050**	0.352***	0.246***
2017	0.179***	0.126***	0.007	0.047**	0.341***	0.251***
2018	0.219***	0.175***	0.033	0.048**	0.360***	0.259***
2019	0.138***	0.141***	0.019	0.056***	0.346***	0.256***
2020	0.188***	0.127***	0.029	0.055***	0.366***	0.267***

注：***、**、*分别表示通过了1%、5%和10%的显著性水平。

由表7-3可知，市级层面的财政透明度、财政纾压及其比率基本上都呈现出明显的空间"集聚"特征。在相邻省份的空间视角（W_{ij}^A）下，市级财政透明度的全局莫兰指数大体上高于其在相邻省份及其"邻居"的空间立场（W_{ij}^B）中的数值，这说明空间距离在市级层面的财政透明度"集聚"中具有重要的影响。换言之，空间距离越近，市级财政透明度的空间"集聚"特征越显著。与市级财政透明度相比，市级财政纾压的空间表现较为特别。这种特别体现在市级财政纾压各年的全局莫兰指数在相邻省份的空间视角（W_{ij}^A）下基本上都没有通过显著性检验，而在相邻省份及其"邻居"的空间立场（W_{ij}^B）中则都表现突出，全部通过了显著性检验。这表示空间距离在市级财政纾压的"集聚"特征中发挥了不同于在市级财政透明度中的作用，也即空间距离越远，市级财政纾压的空间"集聚"特征越显著。在三个变量各年的空间全局自相关检验中，市级财政纾压率的表现最为"亮眼"。无论是从相邻省份的空间视角（W_{ij}^A）来看，还是就相邻省份及其"邻居"的空间立场（W_{ij}^B）而言，市级财政纾压率的全局莫兰指数不仅全部为正，还都属于较高的数值。这表示市级财政纾压率存在较为强烈的空间"集聚"特征，而且这种特征的显现与空间距离具有反向关系。

综合而言，财政透明度和财政纾压及其比率在市级层面具有的空间特征要比在省级层面显著得多，这在契合了第五章研究结论的

第七章 财政纾压影响财政透明度的空间探讨

同时，也为我们利用空间模型展开分析奠定了坚实的基础。

二 市级实证分析结果

在第六章中，为了找出能够影响市级财政透明度的因素，我们利用逐步回归法进行了分析。结果显示，除了市级财政纾压（G_{it}）及其比率（Gr_{it}）外，中等职业技术学校在校学生数（$medu_{it}$）、社会消费品零售总额（$cosm_{it}$）、年末金融机构存款余额（sav_{it}）和失业保险参保人数（ins_{it}）等都是显著影响市级财政透明度的因素。以此为基础，按照式（7-2）构建的框架，本节将对市级层面数理模型分析结论的空间表现展开分析，具体结果如表7-4所示。

表7-4　　市级层面的空间杜宾模型回归结果

	W_{ij}^A				W_{ij}^B			
	(1)	(2)	(3)	(4)	(5)	(6)	(7)	(8)
$W_{ij}\times\ln FT_{jt}$	0.034*** (7.54)	0.034*** (7.56)	0.043*** (10.35)	0.043*** (10.35)	0.02*** (9.44)	0.02*** (9.45)	0.023*** (13.26)	0.024*** (13.26)
$W_{ij}\times\ln G_{jt}$	-0.022*** (-6.46)	-0.022*** (-6.46)			-0.013*** (-8.46)	-0.013*** (-8.47)		
$\ln G_{it}$	0.075*** (4.96)	0.075*** (4.94)			0.089*** (5.76)	0.089*** (5.73)		
$W_{ij}\times\ln Gr_{jt}$			-0.04*** (-9.87)	-0.04*** (-9.86)			-0.022*** (-12.7)	-0.022*** (-12.7)
$\ln Gr_{it}$			0.169*** (6.75)	0.17*** (6.75)			0.192*** (7.73)	0.193*** (7.74)
$lmedu_{it}$	-0.09*** (-4.15)	-0.09*** (-4.16)	-0.064*** (-3.11)	-0.064*** (-3.12)	-0.093*** (-4.33)	-0.093*** (4.33)	-0.059*** (-2.97)	-0.06*** (-2.97)
$lcosm_{it}$	0.076** (2.48)	0.073** (2.38)	0.071** (2.39)	0.069** (2.30)	0.069** (2.27)	0.066** (2.17)	0.058** (2.00)	0.056* (1.88)
$lsav_{it}$	0.342*** (8.13)	0.328*** (6.95)	0.341*** (8.67)	0.328*** (7.33)	0.336*** (8.02)	0.321*** (6.82)	0.321*** (8.39)	0.305*** (6.96)
$lins_{it}$	-0.179*** (-4.68)	-0.185*** (-4.67)	-0.141*** (-3.76)	-0.146*** (-3.79)	-0.174*** (-4.56)	-0.182*** (-4.57)	-0.119*** (-3.22)	-0.126*** (-3.30)

续表

	W_{ij}^A				W_{ij}^B			
	(1)	(2)	(3)	(4)	(5)	(6)	(7)	(8)
$lsala_{it}$		0.024 (0.62)		0.022 (0.59)		0.026 (0.67)		0.027 (0.74)
C	-0.552* (-1.86)	-0.555* (-1.87)	-1.439*** (-4.04)	-1.445*** (-4.05)	-0.462 (-1.55)	-0.465 (-1.56)	-1.304*** (-3.79)	-1.31*** (-3.81)
Pseudo R^2	0.1201	0.1202	0.1428	0.1431	0.0928	0.0931	0.1297	0.1303
AIC	2717.879	2719.499	2663.379	2665.028	2686.18	2687.725	2600.578	2602.03
BIC	2773.968	2781.196	2719.468	2726.726	2742.269	2749.422	2656.666	2663.728

注：***、**、*分别表示通过了1%、5%和10%的显著性水平。

为了检验模型结果的稳健性，我们在进行实证分析时引入了在岗职工工资总额（$sala_{it}$）作为新的控制变量，其回归结果在偶数列中展示。根据表7-4的结果而言，H1和H2两个假设结论都是成立的，这一点较之于省级层面的分析要明显好得多，主要体现在各变量的回归系数整体上都通过了显著性检验。

具体而言，在相邻城市的空间视角（W_{ij}^A）下，当一个城市的相邻城市的财政透明度提升1个百分点时，这个城市的财政透明度将提升0.034个百分点，而当相邻城市的财政纾压扩大1个百分点时，这个城市的财政透明度将降低0.022个百分点。也如前文的操作，我们可以将两个数值加总即可得出相邻城市承受的财政透明制度约束弱化对这个城市财政透明度的影响。结果显示，相邻城市承受的财政透明制度约束弱化对这个城市的财政透明度存在正向溢出效应。与在空间矩阵W_{ij}^A下的分析结果相比，市级财政透明制度约束弱化在空间矩阵W_{ij}^B中的溢出效应要稍弱一些。当一个城市的相邻城市及其"邻居"的财政透明度提升1个百分点时，这个城市的财政透明度将提高0.02个百分点，而当相邻城市及其"邻居"的财政纾压增加1个百分点时，这个城市的财政透明度将降低0.013个百分点。两相加总，相邻城市及其"邻居"承受的财政透明制度约束弱化将对这个城市的财政透明度产生约 0.007 个百分点的正向影响,而这也反映了空间距离在财政透明制度约束弱化的溢出效应中具有一定的作用。

当然,这里为了进一步验证 H1 和 H2 两个假设结论的成立,我们又以市级财政纾压率为变量实施了空间分析。亦如前文的阐述,无论是在相邻城市的空间视角(W_{ij}^A)下,还是在相邻城市及其"邻居"的空间立场(W_{ij}^B)中,H1 和 H2 两个假设结论都得到了充分的肯定。在空间矩阵 W_{ij}^A 的回归结果中,当相邻城市的财政透明度增加 1 个百分点时,基准城市的财政透明度将会上升 0.043 个百分点,而当相邻城市的财政纾压率增加 1 个百分点时,基准城市的财政透明度将会降低 0.04 个百分点。这样在空间矩阵 W_{ij}^A 下,相邻城市承受的财政透明制度约束弱化将对基准城市的财政透明度产生 0.003 个百分点的正向影响。同理,在空间矩阵 W_{ij}^B 下,当空间相关的其他城市的财政透明度增加 1 个百分点时,基准城市的财政透明度将上升 0.023 个百分点,而若空间相关的其他城市的财政纾压率上升 1 个百分点则会使基准城市的财政透明度降低 0.022 个百分点。显然,从相邻城市及其"邻居"的空间视角(W_{ij}^B)来看,市级层面的财政透明制度约束弱化仍存在显著的正向溢出效应。而对比两个空间矩阵下列(3)和列(7)的结果可以看出,空间距离仍是影响市级层面财政透明制度约束弱化溢出的重要因素。

关于其他因素对市级财政透明度的影响,基本上与第六章的实证分析结果相一致。以中等职业技术学校在校学生数和失业保险参保人数为衡量指标的人力培养和就业保障的提升会降低市级财政透明度,而以社会消费品零售总额和年末金融机构存款余额为衡量指标的市场规模和金融环境的改善则会对市级财政透明度产生正向影响。无论是从财政纾压来看,还是就财政纾压率而言,都明确指出市级层面存在显著的财政透明制度约束弱化。

第八章 构建财政透明制度的建议

第一,贯彻落实《中华人民共和国预算法》(以下简称《预算法》),夯实法治基础。此前,我国的预决算收支及其管理工作遵循的法律依据是于 1995 年出台的《预算法》。这一《预算法》在出台的初期适应了当时的改革背景,增强了国家宏观调控的能力。但随着社会经济的不断发展,《预算法》的法律条文已无法适应市场经济发展的需要,导致各类问题逐渐涌现,尤其是预算信息公开的缺失造成预算监督乏力,"小金库"现象丛生等。基于此,要求修改《预算法》的呼声不绝于耳。2008 年,为了保障公众依法获取政府信息,消除政府与公众之间的信息不对称,改善社会公众的监督条件,提高行政部门工作的透明度,抑制渎职、贪污、滥用职权等行为的发生,国务院颁布实施了《中华人民共和国政府信息公开条例》(以下简称《政府信息公开条例》)。这项条例在一定程度上推动了各级行政部门的信息公开,对增强党的执政基础发挥了积极的作用,但因为属于行政法规的形式,所以其效力始终处于有限的状态,导致信息公开工作常常出现"不公开为常态、公开为例外"的现象,不能达到真正的透明。有鉴于此,为了顺应国际社会发展潮流,提高行政部门运行效率,人大常委会于 2014 年 8 月通过了新修订的《预算法》。在这部法律中,作为关系全民利益的预、决算报告的公开得到重点提及,就监督主体及内容也进行了明确规定,甚至还有公开主体出现违法行为应担负的责任都进行了详细说明。

第八章
构建财政透明制度的建议

与之前的《预算法》相比，新修订的《预算法》首次明确了预、决算公开透明制度，对预、决算公开的内容、时间、主体等都作了较为全面的规定，将预、决算公开制度由法规层面上升到法律层面，极大地推动了财政信息公开，提高了政府财政透明度。这一点可以从省级和地市级的财政透明度调查结果中得到印证。自2014年后，省级和地市级的财政透明度都出现了显著的提升。受益于财政透明的提升，省级和地市级的社会经济发展取得了明显的进步，这些也都被现有文献进行了广角度、多范围的证明。然而，即便新修订的《预算法》对推动社会经济发展发挥了积极作用，却也在纳税人意识不断觉醒的情况下，与社会期望产生了一定的差距。这种差距体现在预算的完整性和真实性满足不了社会公众的诉求，而造成这一局面的根源在于缺乏有效的法律制度作为依据。在新修订的《预算法》中，虽然对信息公开进行了较为全面的规定，但只是一种粗线条式的"勾画"，在要求公开的预、决算报告之外还存有相当一部分的预算外资金，而这些资金的公开并没有出现在《预算法》中。虽然2020年8月政府又颁布了《中华人民共和国预算法实施条例》（以下简称《预算法实施条例》），对转移性支付、政府债务和财政专户资金等提出了明确的公开要求，但囿于财政资金涉及范围较广，使部分资金始终游离在预算监管之外，成为一大漏洞，诱发腐败、滥用财政资金问题的滋生。鉴于此，在贯彻落实《预算法》和《预算法实施条例》的同时，应以财政资金的完整性和真实性为原则，完善信息公开制度，夯实法治基础。

第二，理顺权力结构，增强监督动力。预算编制以及以财政透明为导向的预算改革从来都不只是一个技术问题。如同上市公司出于自身利益一样，政府部门也往往对信息公开透明持有保留的心态。因此，需要充分调动各方监督者来推动财政信息的公开。现阶段，实施财政监督的主体主要有人民代表大会、行政部门、审计部门以及社会公众。在这些主体的相互配合下，我国基本上形成了较为完善的财政监督体系，但在实际运行中却因为职责分工不明出现不少的问题，尤为突出的是财政监督工作的"重复"与"缺失"的并存。囿于这些问题的存在，信息公开的监督工作始终处于"进退维谷"的状态。基于此，如何加强财政信息公开监督工作，消除监督工作中出现的各类问题就成为保障财政信息公开顺利实施的重要课题。

一是人大应充分发挥预算监督的职能。人大作为立法机关，在现代民主体制中，对预算监督具有不可推卸的责任。这是因为，人大是所有社会成员选出的代表，其作为直接关系到所有社会成员的利益，预算作为全民利益博弈的产物是满足所有社会成员利益的资金配置。如果人大没有发挥预算监督的职能，那么这有失于社会成员赋予人大的权力。虽然新修订的《预算法》通过法律条文的形式增强了人大监督的力度，有助于人大发挥预算监督的职能，推动财政信息公开的提升，但作为一项极其重要的工作，立法部门的预算监督需要配备健全的组织和专业的人员才能完成。然而，从目前的情况来看，地方人大在这些方面的作为仍显不足。具体而言，虽然人大设立了财经委员会和预算工作委员会，但这些机构的人员配置却存在一些问题。不仅专门从事财政审计工作的人员不多，而且工作人员的专业知识比较少，所以导致人大不能充分发挥其监督职能。因此，要增强人大的监督力度，需不断提高人大预算监督组织的专业知识和职业素养。具体而言，强化人大工作人员的学习培训，通过建立培训学习的长效机制，提升工作人员的专业知识，同时也可以吸收一批具有非官方背景的财政、金融、财务和审计等方面的专业人士，组建成立专家顾问团，以此增强人大预算监督的科学性和民主性。

二是进一步完善行政部门内部与审计部门的监督职责。行政部门内部监督不力产生的根源在于其属于内部监督。这种内部监督的困扰在于行政部门中的专职监督机构缺乏必要的独立性。从组织隶属来看，这些专职监督机构是行政部门的组成部分；就经费领拨而言，这些专职监督机构需要从主管行政部门处领取工资和奖金等，

第八章
构建财政透明制度的建议

这就使得其在经济上"受制于"主管行政部门。如果对主管行政部门实施监督,那么无异于是在给自己套上"枷锁",所以出于维护部门利益的需要,这些专职监督机构也会选择性地监督财政信息。发达国家的经验表明,独立的监督制度及法律有助于财政信息的公开,所以鉴于此,我国应从法律及部门的设置上强化行政部门内部监督的独立性。除此之外,还应加强审计部门的配合工作,逐步完善审计制度。除了与行政部门内部监督面临的问题一致外,审计部门的预算监督不足还表现在其在对预算编制和预算执行管理的监督中更侧重于前者。预算执行管理是预算实施的关键环节,直接关系到财政资金使用绩效能否达到预期目标,是预算监督不可或缺的组成部分。然而,从预算执行管理的过程来看,审计部门并没有对其给予足够的重视,在具体实施监督时只是将其作为其他审计项目的附庸,且缺乏预算编制与执行的对照分析。基于此,应创新审计工作监督工作的方式方法,保障审计部门监督工作的顺利开展。

三是在现有监督体系中,还应鼓励社会成员,特别是具有专业知识的个人或机构广泛关注、参与和监督,这无疑是持续推进政府信息公开化的重要动力。鼓励学术或中介结构进行财政透明度的相关调查和研究,也是促进各级政府进行比较、反思和竞争以完善政府治理的重要机制。以上海财经大学开展的省级财政透明度调查为例,通过十年的连续调查鼓励和督促了省级政府在广度和深度上实现了财政信息公开的显著进步。

第三,深化综合预算,扩展公开内容。现代公共预算的实施强调全面性,这样做不仅有利于政府优化使用各项财政资金,还可以减少预算外或制度外资金的浪费,杜绝部门"小金库"现象的出现。一般而言,政府共有"四本账",分别是一般公共预算、政府性基金预算、国有资本经营预算和社会保险预算。囿于一般公共预算在"四本账"中占有较高的比重,是一个地方社会经济发展水平的真实反映,所以其得到的关注度较之于其他三本账要高得多,这也就导致其他三本账的管理容易出现疏忽,为腐败的滋生提供机会。有鉴于此，将政府所有的财政收入和支出纳入预算和决算的法制化运行就成为必然趋势，而这即所谓的"全口径预算"。在全口径预算中，政府的"四本账"都要纳入到预算管理中，不存在游离于预算外的政府收支。通过实施全口径预算，政府预算的碎片化管理可以得到整治，财政资金的高效使用也能得到保障。在全口径综合预算中，立法机关和社会公众可以对政府的所有财政收支进行监督。换言之，财政信息公开是全口径综合预算的主要特征。然而，在现实中，信息不对称始终存在于政府部门与立法机关或社会公众之间，政府部门往往会出于维护自身利益的需要不予公开或不详尽公开自己掌握的财政收支活动的信息，这就导致立法机关或社会公众并不能对政府部门的财政收支活动进行有效的监督，全口径综合预算也存在流于形式的风险。不可否认，财政资金的使用会涉及一些关系公共安全的活动，需要对资金的动向进行保密，但这并不能成为限制全口径综合预算的借口。在确保公共安全的前提下，应尽一切办法突破来自政府内部既得利益格局的阻碍，政府公开财政信息向来不是一个技术问题。只要将政府实施全口径综合预算的动力和财政透明进行有机的结合，才能在实现真正意义上的全口径预算管理中迈出坚实的一步。

第四，推进绩效预算，缩短公开时间。绩效预算是现代政府比较推崇的一种预算方式，它强调通过预算控制来确保公共资金支出后实现预期的政策目标。鉴于此，评价绩效预算的一个维度是高效性。而要实现这种高效性，行政部门必须根据完善资金使用机制，使资金使用的"进入"与"退出"不存在较大的成本；构建资金评价体系，使资金可以投入到能带来最大社会效益的领域；加强资金使用管理，使资金浪费现象减少。而评价绩效预算的另一维度是时效性，即绩效预算的各项财政信息应在最短的时间内公开才能推进预算的最优绩效。财政信息不仅影响个人和企业的经济决策，也涉及政府自身对财政风险的监控。财政信息的及时发布有助于利益各方的反应和协调，从而避免信息不对称带来的行为扭曲和效率损失。因此，财政信息公开不仅对信息发布的内容有要求，而且也将及时性作为另一个基本的衡量维度。现实中，财政信息发布的时间并不及时，这一点可以从本书采用的透明度数据的调查对象一窥大概，其调查对象都是调查年份前两年或前三年的财政信息，这可能是因为调查年份的省级财政信息公开状况并不尽如人意，也突出地反映了我国省级政府公开财政信息存在严重的时滞性。

第五，朴素财政报告，拓展公开方式。财政报告的编制并不能只是专业术语的堆砌，它应该面向公众、服务公众，用朴素平实的语言阐释财政的专业信息。否则，财政报告的编制将会沦为政府与公众之间的一道鸿沟，激化社会公众对政府的不信任感，而朴素平实的财政报告可以让政府的行政行为获取公众的认可，增强政党的执政基础。因此，政府不妨考虑发布大众版或读者版的财政报告，配以浅显易懂的注释和提要，以利于社会公众直截了当地看明白财政资金的使用情况。当财政报告编制完成后，如何向社会公众公开亦是关键。随着信息技术的飞速发展，更高效率的财政信息公开应不仅限于传统媒体的运用。上海财经大学和清华大学采用的调查方法也反映了这样的发展趋势。借助于政府网站，社会公众可以更多、更快地掌握相关的财政信息。这就要求政府的预决算报告等即使形成了书面文件，也应该同时提供在线查询的便利。

附 录

陕西省107个县区2020年度财政透明度的得分情况

城市	一级指标 二级指标	机构公开 县级政府机构	机构公开 县属企、事业单位	财政报告 2021年预算草案	财政报告 2020年预算执行情况	财政报告 2020年决算	及时性原则 2021年预算草案公开时间	及时性原则 2020年预算执行情况公开时间	及时性原则 2020年决算公开时间	其他财政信息 2020年政府性基金预算和预算执行情况	其他财政信息 2020年国有资本经营预算和预算执行情况	其他财政信息 2020年社会保险基金预算和预算执行情况	总分
西安市	未央区	5	5	10	10	10	10	10	10	10	10	10	100
	新城区	5	5	10	10	10	10	10	10	10	10	0	90
	碑林区	5	5	10	10	10	10	10	10	10	10	10	100
	莲湖区	5	5	10	10	10	10	10	10	10	10	10	100
	灞桥区	5	5	10	10	10	5	5	5	10	10	10	85
	雁塔区	5	5	10	10	10	10	10	0	10	10	10	90
	阎良区	5	5	10	10	10	10	10	5	10	10	10	90
	临潼区	5	5	10	10	10	10	10	10	10	10	0	90
	长安区	5	5	10	10	10	10	10	10	10	5	10	95
	高陵区	5	5	10	10	10	5	5	0	10	10	10	80
	鄠邑区	5	5	10	10	10	10	10	10	5	5	5	80
	蓝田县	5	5	10	10	10	5	5	10	10	0	10	80
	周至县	5	5	10	10	10	10	10	10	10	10	10	100

续表

城市县区	一级指标	机构公开		财政报告			及时性原则			其他财政信息			总分
	二级指标	县级政府机构	县属企、事业单位	2021年预算草案	2020年预算执行情况	2020年决算	2021年预算草案公开时间	2020年预算执行情况公开时间	2020年决算公开时间	2020年政府性基金预算和预算执行情况	2020年国有资本经营预算和预算执行情况	2020年社会保险基金预算和预算执行情况	
咸阳市	杨陵区	5	5	10	10	10	10	10	10	10	10	10	100
	秦都区	5	0	10	10	10	10	10	10	10	0	0	75
	渭城区	5	0	10	10	10	5	5	0	10	0	10	65
	兴平市	5	5	10	10	10	10	10	0	10	0	10	80
	郴州市	5	5	10	10	10	10	10	5	10	5	10	90
	武功县	5	5	10	10	10	10	10	10	10	5	10	95
	乾县	5	0	10	10	10	10	10	5	10	0	0	60
	礼泉县	5	5	10	10	10	5	5	0	5	0	10	65
	泾阳县	5	5	10	10	10	5	5	0	10	0	10	70
	三原县	5	0	10	10	10	10	10	5	10	5	5	80
	永寿县	5	5	10	10	10	5	5	0	10	10	10	80
	长武县	5	5	10	10	10	10	10	10	10	5	10	95
	旬邑县	5	5	10	10	10	10	10	10	10	10	10	100
	淳化县	5	5	10	10	10	10	10	10	10	0	10	90
宝鸡市	渭滨区	5	5	10	10	10	10	10	0	10	10	10	80
	金台区	5	5	10	10	10	10	10	10	10	10	10	100
	陈仓区	5	0	10	10	10	10	10	10	10	0	10	85
	凤翔区	5	0	10	10	10	5	5	0	10	0	10	65
	岐山县	5	0	10	10	10	10	10	10	10	10	10	95
	扶风县	5	0	10	10	10	10	10	10	10	0	10	85
	眉县	5	5	10	10	10	10	10	0	10	10	10	90
	陇县	5	0	10	10	10	10	10	10	10	10	10	95
	千阳县	5	5	10	10	10	10	10	10	10	10	10	100
	麟游县	5	5	10	10	10	10	10	10	10	10	10	100
	凤县	5	0	10	10	10	10	10	10	10	10	10	95
	太白县	5	5	10	10	10	10	10	10	10	10	10	100

续表

城市	一级指标	机构公开		财政报告			及时性原则			其他财政信息			总分
县区 指标	二级指标	县级政府机构	县属企、事业单位	2021年预算草案	2020年预算执行情况	2020年决算	2021年预算草案公开时间	2020年预算执行情况公开时间	2020年决算公开时间	2020年政府性基金预算和预算执行情况	2020年国有资本经营预算和预算执行情况	2020年社会保险基金预算和预算执行情况	
汉中市	汉台区	3	3	10	10	10	10	10	0	10	10	10	86
	南郑区	5	0	10	10	10	10	10	0	10	10	10	85
	城固县	5	0	10	10	10	10	10	0	10	10	10	85
	洋县	5	0	10	10	10	10	10	0	10	5	5	75
	西乡县	5	3	10	10	10	10	10	0	10	0	0	68
	勉县	5	3	10	10	10	10	10	0	10	10	10	88
	宁强县	5	3	10	10	10	10	10	0	10	10	0	78
	略阳县	5	3	10	10	10	10	10	0	10	10	10	88
	镇巴县	5	3	0	0	0	0	0	0	0	0	0	8
	留坝县	5	3	10	10	10	10	10	0	10	10	5	83
	佛坪县	5	3	10	10	10	10	10	0	10	10	10	88
安康市	汉滨区	5	3	10	10	10	10	10	0	10	10	10	88
	汉阴县	5	0	10	10	10	10	10	0	10	10	10	85
	石泉县	5	3	10	10	10	10	10	0	10	10	10	88
	宁陕县	5	3	10	10	10	10	10	0	5	5	0	68
	紫阳县	5	3	10	10	10	10	10	0	10	5	10	83
	岚皋县	5	0	10	10	10	10	10	0	10	0	10	75
	平利县	5	3	10	10	10	10	10	0	5	5	5	73
	镇坪县	5	0	10	10	10	10	10	0	5	5	5	60
	旬阳市	5	3	10	10	10	10	10	0	10	10	10	88
	白河县	5	0	10	10	10	10	10	0	10	10	10	85

续表

城市指标	一级指标 二级指标	机构公开 县级政府机构	机构公开 县属企、事业单位	财政报告 2021年预算草案	财政报告 2020年预算执行情况	财政报告 2020年决算	及时性原则 2021年预算草案公开时间	及时性原则 2020年预算执行情况公开时间	及时性原则 2020年决算公开时间	其他财政信息 2020年政府性基金预算和预算执行情况	其他财政信息 2020年国有资本经营预算和预算执行情况	其他财政信息 2020年社会保险基金预算和预算执行情况	总分
商洛市	商州区	5	3	10	10	10	10	10	0	10	10	10	88
	洛南县	5	3	0	0	10	0	0	0	5	5	5	33
	丹凤县	5	0	10	10	10	10	10	0	10	5	10	80
	商南县	5	0	10	10	10	10	10	0	10	5	10	80
	山阳县	5	3	10	10	10	10	10	0	10	10	10	88
	镇安县	5	0	10	10	10	10	10	0	10	10	10	85
	柞水县	5	3	10	10	10	10	10	0	10	10	10	88
渭南市	富平县	3	3	10	10	5	5	5	0	10	10	10	71
	合阳县	3	3	10	10	5	5	5	0	10	0	5	61
	白水县	0	0	5	5	5	0	5	0	0	0	0	20
	澄城县	3	3	10	10	10	10	10	0	10	10	10	86
	蒲城县	3	3	10	10	0	5	0	0	10	5	0	46
	大荔县	3	3	10	10	10	10	10	0	10	5	10	81
	潼关县	3	3	10	10	10	10	10	0	10	5	10	81
	华州区	3	3	5	5	10	10	10	0	10	10	5	71
	韩城市	3	3	5	5	10	10	10	0	5	10	5	66
	华阴市	3	3	10	10	10	5	5	5	0	10	10	76
	临渭区	5	5	10	10	10	10	10	0	10	10	10	90
铜川市	王益区	3	3	10	10	10	10	10	0	10	10	10	86
	印台区	3	3	10	10	10	10	10	0	10	0	0	56
	耀州区	3	3	10	10	10	10	10	0	10	10	10	86
	宜君县	3	3	10	10	10	0	0	5	10	0	0	51

◇ 地方财政纾压对财政透明度的影响研究

续表

城市 县区 指标	一级指标 二级指标	机构公开		财政报告			及时性原则			其他财政信息			总分
		县级政府机构	县属企、事业单位	2021年预算草案	2020年预算执行情况	2020年决算	2021年预算草案公开时间	2020年预算执行情况公开时间	2020年决算公开时间	2020年政府性基金预算和预算执行情况	2020年国有资本经营预算和预算执行情况	2020年社会保险基金预算和预算执行情况	
延安市	宝塔区	3	3	10	10	10	10	10	0	10	5	0	71
	安塞区	3	3	10	10	10	0	0	0	10	0	0	46
	延长县	3	3	10	10	10	10	10	0	10	5	0	81
	延川县	3	3	10	10	10	10	10	0	10	10	10	86
	子长市	3	3	10	10	10	10	10	0	10	10	10	86
	志丹县	3	0	10	10	10	10	10	0	0	5	0	58
	吴起县	3	3	10	10	10	10	10	0	10	10	10	86
	甘泉县	3	3	10	10	10	0	0	0	5	5	0	46
	富县	3	3	10	10	10	10	10	0	10	10	10	86
	洛川县	3	3	10	10	10	10	10	0	5	5	5	71
	宜川县	3	3	10	10	10	10	10	0	10	10	10	86
	黄龙县	3	3	10	10	10	5	5	0	10	10	0	66
	黄陵县	3	3	10	10	10	10	10	0	10	10	10	86
榆林市	榆阳区	5	5	10	5	10	10	10	5	10	10	5	85
	横山区	5	3	10	5	10	10	10	5	10	10	5	83
	神木市	5	5	10	5	10	10	10	5	10	10	0	75
	府谷县	5	5	10	10	10	10	5	0	10	10	0	75
	靖边县	5	3	10	5	10	10	5	0	10	10	10	78
	定边县	5	3	10	10	5	10	5	0	10	10	10	78
	绥德县	5	3	5	10	5	10	10	0	10	10	10	78
	米脂县	5	5	10	10	10	10	5	0	10	10	0	70
	佳县	5	3	10	5	5	10	10	0	10	10	10	78
	吴堡县	5	5	10	10	10	10	5	0	10	10	10	80
	清涧县	5	3	10	5	5	10	10	0	10	10	10	78
	子洲县	5	5	10	10	5	10	5	0	10	10	10	80

陕西省 107 个县区 2020 年度财政透明度调查的原始链接

1. 西安市未央区

机构公开：

http：//www. weiyang. gov. cn/zwgk/zfjg/1. html.

2020 年预算执行情况和 2021 年预算草案：

http：//www. weiyang. gov. cn/zwgk/czzjxx/qzfczyjsgkml/6021e45cf8fd1c2073f4972b. html.

2020 年财政决算报告：

http：//www. weiyang. gov. cn/zwgk/czzjxx/qzfczyjsgkml/6155295ff8fd1c0bdc569398. html.

2. 西安市新城区

机构公开：

http：//www. xincheng. gov. cn/zwgk/zfbmml/1. html.

2020 年预算执行情况和 2021 年预算草案：

http：//www. xincheng. gov. cn/zwgk/zdxxgk/czxx/qzfczyjs/6023ab85f8fd1c2073f5349b. html.

2020 年财政决算报告：

http：//www. xincheng. gov. cn/zwgk/zdxxgk/czxx/qzfczyjs/617221eaf8fd1c0bdc5bfb00. htm.

3. 西安市碑林区

机构公开：

http：//www. beilin. gov. cn/zwgk/zfjg/1. html.

2020 年预算执行情况和 2021 年预算草案：

http：//www. beilin. gov. cn/zwgk/czzjxx/zfczyjs/602233def8fd1c2073f4c192. html.

2020年财政决算报告：

http：//www.beilin.gov.cn/zwgk/czzjxx/zfczyjs/61149b00f8fd1c0bdc458870.html.

4. 西安市莲湖区

机构公开：

http：//www.lianhu.gov.cn/zwgk/jcxxgk/zfjg/1.html.

2020年预算执行情况和2021年预算草案：

http：//www.lianhu.gov.cn/zwgk/zdxxgk/czxx/qjczyjs/605b013df8fd1c2073002e66.html.

2020年财政决算报告：

http：//www.lianhu.gov.cn/zwgk/zdxxgk/czxx/qjczyjs/614bebb6f8fd1c0bdc545100.html.

5. 西安市灞桥区

机构公开：

http：//www.baqiao.gov.cn/zwgk/zfjg/1.html.

2020年预算执行情况和2021年预算草案：

http：//www.baqiao.gov.cn/zwgk/czxx/qjczxx/604ed17bf8fd1c2073fcf6b2.html.

2020年财政决算报告：

http：//www.baqiao.gov.cn/zwgk/czxx/qjczxx/61823793f8fd1c0bdc61f834.html.

6. 西安市雁塔区

机构公开：

http：//www.yanta.gov.cn/xxgk/jcxxgk/zfjg/1.html.

2020年预算执行情况和2021年预算草案：

http：//www.yanta.gov.cn/xxgk/zdxxgk/czzjjg/qzfczyjs/6061948bf8fd1c2073014128.html.

2020年财政决算报告：

http：//www.yanta.gov.cn/xxgk/zdxxgk/czzjjg/qzfczyjs/61668fd2f

8fd1c0bdc590e36. html.

7. 西安市阎良区

机构公开：

http：//www. yanliang. gov. cn/xxgk/qzfjgxxgk/1. html.

2020年预算执行情况和2021年预算草案：

http：//www. yanliang. gov. cn/xxgk/zhgk/czzj/qjzfczyjszhqkgk/60c1e75df8fd1c0bdc3145ca. html.

2020年财政决算报告：

http：//www. yanliang. gov. cn/xxgk/zhgk/czzj/qjzfczyjszhqkgk/61932510f8fd1c0bdc6946b9. html.

8. 西安市临潼区

机构公开：

http：//www. lintong. gov. cn/zwgk/xxgkbz/bmgkml/1. html.

2020年预算执行情况和2021年预算草案：

http：//www. lintong. gov. cn/zwgk/xxgkml/czxx/czyjsysgjf/60234597f8fd1c2073f4ffb2. html.

2020年财政决算报告：

http：//www. lintong. gov. cn/zwgk/xxgkml/czxx/czyjsysgjf/617f46a7f8fd1c0bdc60ba28. html.

9. 西安市长安区

机构公开：

http：//www. yanliang. gov. cn/xxgk/qzfjgxxgk/1. html.

2020年预算执行情况和2021年预算草案：

http：//www. changanqu. gov. cn/zwgk/xxgkml/zxgk/czxx/czyjs/qzfczyjs/600fb45ff8fd1c2073ed632c. html.

2020年财政决算报告：

http：//www. changanqu. gov. cn/zwgk/xxgkml/zxgk/czxx/czyjs/qzfczyjs/617b52b9f8fd1c0bdc5ec79a. html.

10. 西安市高陵区

机构公开：

http：//www. gaoling. gov. cn/zwgk/bmxxgkml/1. html.

2020 年预算执行情况和 2021 年预算草案：

http：//www. gaoling. gov. cn/zwgk/qzfxxgkml/czxx/qzfyjs/60540820f8fd1c2073feb435. html.

2020 年财政决算报告：

http：//www. gaoling. gov. cn/zwgk/qzfxxgkml/czxx/qzfyjs/613f0b06f8fd1c0bdc51f02e. html.

11. 西安市鄠邑区

机构公开：

http：//www. xahy. gov. cn/zwgk/zfjg/1. html.

2020 年预算执行情况和 2021 年预算草案：

http：//www. xahy. gov. cn/zwgk/czzj/qzfczyjs/60386105f8fd1c2073f7ddd2. html.

2020 年财政决算报告：

http：//www. xahy. gov. cn/zwgk/czzj/qzfczyjs/611a2a0cf8fd1c0bdc47f398. html.

12. 西安市蓝田县

机构公开：

http：//www. lantian. gov. cn/zwgk/zfjg/1. html.

2020 年预算执行情况和 2021 年预算草案：

http：//www. lantian. gov. cn/zwgk/czzj/xzfczyjsjsgjf/60224909f8fd1c2073f4d010. html.

2020 年财政决算报告：

http：//www. lantian. gov. cn/zwgk/czzj/xzfczyjsjsgjf/6180f4cbf8fd1c0bdc618eda. html.

13. 西安市周至县

机构公开：

http：//www.zhouzhi.gov.cn/xxgk/fdzdgknr/jgjj/zfjg/1.html.

2020年预算执行情况和2021年预算草案：

http：//www.zhouzhi.gov.cn/xxgk/fdzdgknr/czxx/xczyjs/6050364bf8fd1c2073fd7fad.html.

2020年财政决算报告：

http：//www.zhouzhi.gov.cn/xxgk/fdzdgknr/czxx/xczyjs/6170c88cf8fd1c0bdc5b6dde.html.

14. 咸阳市杨陵区

机构公开：

http：//www.yanliang.gov.cn/xxgk/zhgk/czzj/qjzfczyjszhqkgk/61932510f8fd1c0bdc6946b9.html.

2020年预算执行情况和2021年预算草案：

http：//www.yanliang.gov.cn/xxgk/zhgk/czzj/qjzfczyjszhqkgk/61932510f8fd1c0bdc6946b9.html.

2020年财政决算报告：

http：//www.yanliang.gov.cn/xxgk/zhgk/czzj/qjzfczyjszhqkgk/61932510f8fd1c0bdc6946b9.html.

15. 咸阳市秦都区

机构公开：

http：//www.snqindu.gov.cn/html/zwgk/bmxxgkml/index.html.

2020年预算执行情况和2021年预算草案：

http：//www.snqindu.gov.cn/html/zwgk/xxgkml/zdlyxxghk/czyjs/zfyjs/ys/202104/47052.html.

2020年财政决算报告：

http：//www.snqindu.gov.cn/html/zwgk/xxgkml/zdlyxxghk/czyjs/zfyjs/js/202111/48652.html.

16. 咸阳市渭城区

机构公开：

http：//www.weic.gov.cn/html/zwgk/gkml/zfjg/index.html.

2020 年预算执行情况和 2021 年预算草案：

http：//www. weic. gov. cn/html/zwgk/gkml/caizhengzijin/202102/58262. html.

2020 年财政决算报告：

http：//www. weic. gov. cn/html/zwgk/gkml/caizhengzijin/202107/60218. html.

17. 咸阳市兴平市

机构公开：

http：//www. snxingping. gov. cn/info/iIndex. jsp？catalog _ id = 15&cat_ id = 15.

2020 年预算执行情况和 2021 年预算草案：

http：//www. snxingping. gov. cn/gk/fdzdgknr/cdly/yusuanjuesuan/70495. htm.

2020 年财政决算报告：

http：//www. snxingping. gov. cn/gk/fdzdgknr/cdly/yusuanjuesuan/78065. htm.

18. 咸阳市彬州市

机构公开：

http：//www. snbinzhou. gov. cn/info/iList. jsp？tm_ id = 560&cat_ id = 323.

2020 年预算执行情况和 2021 年预算草案：

http：//www. snbinzhou. gov. cn/gk/czxx/czyjs2/61246. htm.

2020 年财政决算报告：

http：//www. snbinzhou. gov. cn/gk/czxx/czyjs2/65124. htm.

19. 咸阳市武功县

机构公开：

http：//www. wugong. gov. cn/gk/fdzdgknr/jgzn/.

2020 年预算执行情况和 2021 年预算草案：

http：//www. wugong. gov. cn/gk/fdzdgknr/czxx/zfysgk/202102/t2

0210218_745932. html.

2020 年财政决算报告：

http：//www. wugong. gov. cn/gk/fdzdgknr/czxx/zfjsgk/202110/t20211013_746023. html.

20. 咸阳市乾县

机构公开：

http：//www. snqianxian. gov. cn/zwgk_list. rt? channlId=82.

2020 年预算执行情况和 2021 年预算草案：

http：//www. snqianxian. gov. cn/html/xxgk/xzfxxgk/czgk/czys/zfys/202103/96689. html.

2020 年财政决算报告：

http：//www. snqianxian. gov. cn/html/xxgk/xzfxxgk/czgk/czjs/elelnd/202110/99063. html.

21. 咸阳市礼泉县

机构公开：

http：//www. liquan. gov. cn/zfxxgk/fdzdgknr/zfjg/.

2020 年预算执行情况和 2021 年预算草案：

http：//124. 116. 178. 148/liquan/zfxxgk/fdzdgknr/czzj/czys/2021/202103/t20210322_619694. html.

2020 年财政决算报告：

http：//124. 116. 178. 148/liquan/zfxxgk/fdzdgknr/czzj/czjs/2020/202109/t20210929_620106. html.

22. 咸阳市泾阳县

机构公开：

http：//www. snjingyang. gov. cn/info/iList. jsp? cat_id=330&tm_id=512.

2020 年预算执行情况和 2021 年预算草案：

http：//www. snjingyang. gov. cn/gk/czgkzt/xzfys/ndysbg/86345. htm.

2020 年财政决算报告：

http：//www. snjingyang. gov. cn/gk/czfkzt/xzfjs/ndjsbg/90678. htm.

23. 咸阳市三原县

机构公开：

http：//www. snsanyuan. gov. cn/zfxxgk/bmxxgkml/.

2020 年预算执行情况和 2021 年预算草案：

http：//www. snsanyuan. gov. cn/zfxxgk/fdzdgknr/zdlyxxgk/czxx/zfyjs/202102/t20210220_704958. html.

2020 年财政决算报告：

http：//www. snsanyuan. gov. cn/zfxxgk/fdzdgknr/zdlyxxgk/czxx/zfyjs/202011/t20201119_704906. html.

24. 咸阳市永寿县

机构公开：

http：//m. yongshou. gov. cn/html/zwgk/xxgkml/zfjg/index. html.

2020 年预算执行情况和 2021 年预算草案：

http：//m. yongshou. gov. cn/html/zwgk/xxgkml/czxx/czyjs/zfyjs/202102/106253. html.

2020 年财政决算报告：

http：//m. yongshou. gov. cn/html/zwgk/xxgkml/czxx/czyjs/zfyjs/202110/109350. html.

25. 咸阳市长武县

机构公开：

http：//www. changwu. gov. cn/info/iList. jsp？tm_id = 113&cat_id = 5.

2020 年预算执行情况和 2021 年预算草案：

http：//www. changwu. gov. cn/gk/gk21/gk2101/gk210101/gk20210219/35629. htm.

2020 年财政决算报告：

http：//www. changwu. gov. cn/gk/gk21/gk2101/gk210102/gk21010104/38699. htm.

26. 咸阳市淳化县

机构公开：

http：//www.snchunhua.gov.cn/zfxxgk/fdzdgknr/jgzn/.

2020年预算执行情况和2021年预算草案：

http：//www.snchunhua.gov.cn/zfxxgk/fdzdgknr/czgk/xjyjsjsgjf/202102/t20210222_630050.html.

2020年财政决算报告：

http：//www.yanliang.gov.cn/xxgk/zhgk/czzj/qjzfczyjszhqkgk/61932510f8fd1c0bdc6946b9.html.

27. 咸阳市旬邑县

机构公开：

http：//www.snxunyi.gov.cn/info/iList.jsp？tm_id=186&cat_id=121.

2020年预算执行情况和2021年预算草案：

http：//www.snxunyi.gov.cn/info/iList.jsp？tm_id=171&cat_id=144.

2020年财政决算报告：

http：//www.snxunyi.gov.cn/info/iList.jsp？tm_id=171&cat_id=144.

28. 宝鸡市渭滨区

机构公开：

http：//www.weibin.gov.cn/col/col15488/index.html.

2020年预算执行情况和2021年预算草案：

http：//www.weibin.gov.cn/art/2021/1/28/art_17612_1510915.html.

2020年财政决算报告：

http：//www.weibin.gov.cn/art/2021/8/9/art_17612_1510924.html.

29. 宝鸡市金台区

机构公开：

http：//www.jintai.gov.cn/col/col6859/index.html.

2020 年预算执行情况和 2021 年预算草案：

http：//www. jintai. gov. cn/art/2021/1/21/art_ 10288_ 1369544. html.

2020 年财政决算报告：

http：//www. jintai. gov. cn/art/2021/8/5/art_ 10288_ 1445454. html.

30. 宝鸡市陈仓区

机构公开：

http：//www. chencang. gov. cn/col/col14340/index. html.

2020 年预算执行情况和 2021 年预算草案：

http：//www. chencang. gov. cn/art/2021/4/7/art_ 14360_ 1367937. html.

2020 年财政决算报告：

http：//www. chencang. gov. cn/art/2021/8/3/art_ 14360_ 1414198. html.

31. 宝鸡市凤翔区

机构公开：

http：//www. fengxiang. gov. cn/col/col10371/index. html.

2020 年预算执行情况和 2021 年预算草案：

http：//www. fengxiang. gov. cn/art/2021/3/24/art_ 10386_ 1374003. html.

2020 年财政决算报告：

http：//www. fengxiang. gov. cn/art/2021/10/14/art_ 10386_ 1438217. html.

32. 宝鸡市岐山县

机构公开：

http：//www. qishan. gov. cn/col/col13645/index. html.

2020 年预算执行情况和 2021 年预算草案：

http：//www. qishan. gov. cn/art/2021/2/3/art_ 13580_ 1367664. html.

2020 年财政决算报告：

http：//www. qishan. gov. cn/art/2021/7/12/art_ 13580_ 1410158. html.

33. 宝鸡市扶风县

机构公开：

http：//www. fufeng. gov. cn/col/col14441/index. html.

2020 年预算执行情况和 2021 年预算草案：

http：//www.fufeng.gov.cn/art/2021/3/1/art_13473_1361378.html.

2020年财政决算报告：

http：//www.fufeng.gov.cn/art/2021/8/5/art_13473_1415956.html.

34. 宝鸡市眉县

机构公开：

http：//www.meixian.gov.cn/col/col15001/index.html？number=mx00102.

2020年预算执行情况和2021年预算草案：

http：//www.meixian.gov.cn/art/2021/2/3/art_14927_1373489.html.

2020年财政决算报告：

http：//www.meixian.gov.cn/art/2021/8/13/art_14927_1411345.html.

35. 宝鸡市陇县

机构公开：

http：//www.longxian.gov.cn/col/col15214/index.html？number=X10010.

2020年预算执行情况和2021年预算草案：

http：//www.baoji.gov.cn/art/2021/2/5/art_9849_1409627.html.

2020年财政决算报告：

http：//www.longxian.gov.cn/art/2021/7/20/art_15281_1416209.html.

36. 宝鸡市千阳县

机构公开：

http：//www.qianyang.gov.cn/col/col4587/index.html.

2020年预算执行情况和2021年预算草案：

http：//www.qianyang.gov.cn/art/2021/1/25/art_13710_1342143.html.

2020年财政决算报告：

http：//www.longxian.gov.cn/art/2021/7/20/art_15281_1416209.html.

37. 宝鸡市麟游县

机构公开：

http：//www.fengxiang.gov.cn/col/col10371/index.html.

2020年预算执行情况和2021年预算草案：

http：//www.linyou.gov.cn/art/2021/2/8/art_14734_1352661.html.

2020年财政决算报告：

http：//www. linyou. gov. cn/art/2021/8/11/art_14734_1410443. html.

38. 宝鸡市凤县

机构公开：

http：//www. sxfx. gov. cn/col/col13426/index. html.

2020年预算执行情况和2021年预算草案：

http：//www. sxfx. gov. cn/art/2021/1/20/art_13328_1366473. html.

2020年财政决算报告：

http：//www. sxfx. gov. cn/art/2021/9/10/art_13328_1421016. html.

39. 宝鸡市太白县

机构公开：

http：//www. taibai. gov. cn/col/col6622/index. html.

2020年预算执行情况和2021年预算草案：

http：//www. taibai. gov. cn/art/2021/1/22/art_16379_1365608. html.

2020年财政决算报告：

http：//www. taibai. gov. cn/art/2021/9/10/art_10005_1425438. html.

40. 汉中市汉台区

机构公开：

http：//www. htq. gov. cn/hzshtqzf/zwgk/bmzbgkml/zfbm/gk_list. shtml.

2020年预算执行情况和2021年预算草案：

http：//www. htq. gov. cn/hzshtqzf/zwgk/czxx/ysjsgjf/zf/list/202104/159acc9691984603a51c28881f819c40. shtml.

2020年决算报告：

http：//www. htq. gov. cn/hzshtqzf/zwgk/czxx/jsjsgjf/zf/list/202110/aa8992753b1145449c5792ea92ae341c. shtml.

41. 汉中市南郑区

机构公开：

http：//www. nanzheng. gov. cn/nzqrmzf/jgjj/gk_list. shtml.

2020年预算执行情况和2021年预算草案：

http：//www. nanzheng. gov. cn/nzqrmzf/zfysgk/202106/586731031f1c4d9c8829288c3cc777a1. shtml.

2020年决算报告：

http：//www. nanzheng. gov. cn/nzqrmzf/zfjsgk/202109/523886036dad48d69b08f48ea377890e. shtml.

42. 汉中市城固县

机构公开：

http：//www. chenggu. gov. cn/cgxzf/zwgk/xxgknr/bmzbgk/gk_n_bm. shtml.

2020年预算执行情况和2021年预算草案：

http：//www. chenggu. gov. cn/cgxzf/zwgk/xxgknr/czzj/ysjsgjf/xzf/202104/a04e6de749cd42f68c3527c69e5b7865. shtml.

2020年决算报告：

http：//www. chenggu. gov. cn/cgxzf/zwgk/xxgknr/czzj/jsjsgjf/zf/202110/5a6c288d8379443795afe314491d21fb. shtml.

43. 汉中市洋县

机构公开：

http：//www. yangxian. gov. cn/yxzf/yxzwgk/bmzbxxgk/gk_n_bm. shtml.

2020年预算执行情况和2021年预算草案：

http：//www. yangxian. gov. cn/yxzf/yxzwgk/czzj/xjyjsjsgjf/zfys/202106/71b1cffbdbcd47e6aee4abf1ec674350. shtml.

2020年决算报告：

http：//www. yangxian. gov. cn/yxzf/yxzwgk/czzj/xjyjsjsgjf/zfjs/202110/933cab721e3046ae8ecb23780499b717. shtml.

44. 汉中市西乡县

机构公开：

http：//www. snxx. gov. cn/xxxzf/xxzwgk/xxgknr/zfbm/gk_n_bm. shtml.

2020年预算执行情况和2021年预算草案：

http：//www. snxx. gov. cn/xxxzf/xxzwgk/xxgknr/czzj/zfyjsjsgjf/202

105/469192ea7a7545b8a2c7728778a6d2c9. shtml.

2020年决算报告:

http：//www. snxx. gov. cn/xxxzf/xxzwgk/xxgknr/czzj/zfyjsjsgjf/202111/b1f541cca63a4c8e9525569a562c5035. shtml.

45. 汉中市勉县

机构公开:

http：//www. mianxian. gov. cn/mxzf/xxgk/jgsz/bmfl. shtml.

2020年预算执行情况和2021年预算草案:

http：//www. mianxian. gov. cn/mxzf/xxgk/czxx/zfyjsjsgjf/zfys/202105/4543b381715f4ef0819f5d984adcc875. shtml.

2020年决算报告:

http：//www. mianxian. gov. cn/mxzf/xxgk/czxx/zfyjsjsgjf/zfjs/202111/23624ab95471457d890117512eeea354. shtml.

46. 汉中市宁强县

机构公开:

http：//www. nq. gov. cn/nqzd/nqzwgk/bmzbxxgk/gk_n_bm. shtml.

2020年预算执行情况和2021年预算草案:

http：//www. nq. gov. cn/nqzd/nqzwgk/czzj/yjsjsgjf/ysjsgjf/xbj/202106/707956457a1c47f297fbbf8b0ac8bae1. shtml.

2020年决算报告:

http：//www. nq. gov. cn/nqzd/nqzwgk/czzj/yjsjsgjf/jsjsgjf/xbj/202111/a8fe3fe6ce8841dcabe9408dd49bf7fa. shtml.

47. 汉中市略阳县

机构公开:

http：//www. lueyang. gov. cn/lyxzf/lyzwgk/zfjg/gk_n_bm. shtml.

2020年预算执行情况和2021年预算草案:

http：//www. lueyang. gov. cn/lyxzf/lyzwgk/czxx/czyjsjsgjf/xjczyjs-gk/202105/077fc0ed3710402d96e07deb78efdfbd. shtml.

2020年决算报告:

http：//www. lueyang. gov. cn/lyxzf/lyzwgk/czxx/czyjsjsgjf/xjczyjsgk/202110/60fb2421fbe9409188c6b2c3ef5f083d. shtml.

48. 汉中市镇巴县

机构公开：

http：//www. zb. gov. cn/zbxzf/zfjg/list. shtml.

2020年预算执行情况和2021年预算草案：

无。

2020年决算报告：

无。

49. 汉中市留坝县

机构公开：

http：//www. liuba. gov. cn/lbxzf/zfjg/gk_list. shtml.

2020年预算执行情况和2021年预算草案：

http：//www. liuba. gov. cn/lbxzf/zfyjs/202104/112cfea5d0904402906589125b7f5127. shtml.

2020年决算报告：

http：//www. liuba. gov. cn/lbxzf/zfyjs/202110/7d98258f22ff4ea599e2fbb9aa7200c7. shtml.

50. 汉中市佛坪县

机构公开：

http：//www. foping. gov. cn/fpxzf/jgzn/gk_list. shtml.

2020年预算执行情况和2021年预算草案：

http：//www. foping. gov. cn/fpxzf/czsz/202104/60dddea7ea57472987f152d64c917857. shtml.

2020年决算报告：

http：//www. foping. gov. cn/fpxzf/czsz/202110/23f51f41b57e4bfa994fb01df5feed6e. shtml.

51. 安康市汉滨区

机构公开：

https：//www.hanbin.gov.cn/govsub/publicinfo/category-1351_2.html.

2020年预算执行情况和2021年预算草案：

https：//www.hanbin.gov.cn/Content-2245841.html.

2020年决算报告：

https：//www.hanbin.gov.cn/Content-2309399.html.

52. 安康市汉阴县

机构公开：

https：//www.hanyin.gov.cn/Node-23515.html.

2020年预算执行情况和2021年预算草案：

https：//www.hanyin.gov.cn/Content-2248487.html.

2020年决算报告：

https：//www.hanyin.gov.cn/Content-2287494.html.

53. 安康市石泉县

机构公开：

https：//www.shiquan.gov.cn/Node-93337.html.

2020年预算执行情况和2021年预算草案：

https：//www.shiquan.gov.cn/Content-2274261.html.

2020年决算报告：

https：//www.shiquan.gov.cn/Content-2304958.html.

54. 安康市宁陕县

机构公开：

https：//www.ningshan.gov.cn/Node-27029.html.

2020年预算执行情况和2021年预算草案：

https：//www.ningshan.gov.cn/Content-2251926.html.

2020年决算报告：

https：//www.ningshan.gov.cn/Content-2308063.html.

55. 安康市紫阳县

机构公开：

https：//www.zyx.gov.cn/Node-92312.html.

2020年预算执行情况和2021年预算草案：

https：//www.zyx.gov.cn/Content-2252790.html.

2020年决算报告：

https：//www.zyx.gov.cn/Content-2284334.html.

56.安康市岚皋县

机构公开：

https：//www.langao.gov.cn/Node-79217.html.

2020年预算执行情况和2021年预算草案：

https：//www.langao.gov.cn/Content-2247607.html.

2020年决算报告：

https：//www.langao.gov.cn/Content-2290363.html.

57.安康市平利县

机构公开：

https：//www.pingli.gov.cn/govsub/publicinfo/category-4607.html.

2020年预算执行情况和2021年预算草案：

https：//www.pingli.gov.cn/Content-2255949.html.

2020年决算报告：

https：//www.pingli.gov.cn/Content-2290546.html.

58.安康市镇坪县

机构公开：

https：//www.zhp.gov.cn/govsub/publicinfo/category-2550.html.

2020年预算执行情况和2021年预算草案：

https：//www.zhp.gov.cn/Content-2330821.html.

2020年决算报告：

https：//www.zhp.gov.cn/Content-2454574.html.

59.安康市旬阳县

机构公开：

https：//www.xyx.gov.cn/Node-74702.html.

2020年预算执行情况和2021年预算草案：

https：//www.xyx.gov.cn/Content-2247195.html.

2020年决算报告：

https：//www.xyx.gov.cn/Content-2316839.html.

60. 安康市白河县

机构公开：

https：//www.zhp.gov.cn/govsub/publicinfo/category-2550.html.

2020年预算执行情况和2021年预算草案：

https：//www.zhp.gov.cn/Content-2275219.html.

2020年决算报告：

无。

61. 商洛市商州区

机构公开：

http：//www.shangzhou.gov.cn/html/zwgk/zfjg/index.html.

2020年预算执行情况和2021年预算草案：

http：//www.shangzhou.gov.cn/html/zwgk/czyjs/zfyjs/202104/99123.html.

2020年决算报告：

http：//www.shangzhou.gov.cn/html/zwgk/czyjs/zfyjs/202110/102097.html.

62. 商洛市洛南县

机构公开：

http：//www.luonan.gov.cn/info/nIndex.jsp？isSd=false&node_id=GKlnxzf&cat_id=11093.

2020年预算执行情况和2021年预算草案：

无。

2020年决算报告：

http：//www.luonan.gov.cn/gk/gk14/gk1401/111044.htm.

63. 商洛市丹凤县

机构公开：

http：//www. danfeng. gov. cn/zwgk/index. htm.

2020 年预算执行情况和 2021 年预算草案：

http：//www. danfeng. gov. cn/gk/gk12/gk1201/24932. htm.

2020 年决算报告：

http：//www. danfeng. gov. cn/gk/gk12/gk1201/25850. htm.

64. 商洛市商南县

机构公开：

http：//www. shangnan. gov. cn/xxgk1/fdzdgknr/zzjg/xzfgbm. htm.

2020 年预算执行情况和 2021 年预算草案：

http：//www. shangnan. gov. cn/info/egovinfo/1001/xxgk2/xxgkinfo/snxzf-04_A/2021-0527020. htm.

2020 年决算报告：

http：//www. shangnan. gov. cn/info/egovinfo/1001/xxgk2/xxgkinfo/snxzf-04_A/2021-1014001. htm.

65. 商洛市山阳县

机构公开：

http：//www. shy. gov. cn/info/iList. jsp？ isSd = false&node_id = GKsyxzf&cat_id = 10223.

2020 年预算执行情况和 2021 年预算草案：

http：//www. shy. gov. cn/gk/fdzdgknr/cwgk/ysjs/4550. htm？id=3.

2020 年决算报告：

http：//www. shy. gov. cn/gk/fdzdgknr/cwgk/ysjs/4622. htm？id=3.

66. 商洛市镇安县

机构公开：

http：//www. zazf. gov. cn/info/iList. jsp？ node_id = GKzaxzf&isSd = false&cat_id=10639.

2020 年预算执行情况和 2021 年预算草案：

http：//www. zazf. gov. cn/gk/gk12/gk1201/89210. htm.

2020 年决算报告：

http：//www. zazf. gov. cn/gk/gk12/gk1201/91070. htm.

67. 商洛市柞水县

机构公开：

https：//www. snzs. gov. cn/html/zwgk/zfjg.

2020 年预算执行情况和 2021 年预算草案：

https：//www. snzs. gov. cn/html/zwgk/czysjs/113127. html.

2020 年决算报告：

https：//www. snzs. gov. cn/html/zwgk/czysjs/118167. html.

68. 渭南市富平县

机构公开：

http：//www. fuping. gov. cn/Mobile/Information/detail/id/12656. html.

2020 年预算执行情况和 2021 年预算草案：

http：//czj. weinan. gov. cn/Index/read/id/7919. html.

2020 年决算报告：

http：//czj. weinan. gov. cn/Index/read/id/7919. html.

69. 渭南市合阳县

机构公开：

http：//www. heyang. gov. cn/info/egovinfo/1223/2018xxgk_content/016032410-04_A/2020-0318001. htm.

2020 年预算执行情况和 2021 年预算草案：

http：//www. heyang. gov. cn/info/egovinfo/1026/2018xxgk_content/016032410-04_A/2021-0406001. htm.

2020 年决算：

http：//www. heyang. gov. cn/info/egovinfo/1223/2018xxgk_content/016032410-04_A/2021-0406001. htm.

70. 渭南市白水县

机构公开：无。

2020 年预算执行情况和 2021 年预算草案：

https：//3g. 163. com/dy/article/GS9V5ISV0512BOIV. html.

2020 年决算：

https：//3g. 163. com/dy/article/GMQNMAFK0512BOIV. html.

71. 渭南市澄城县

机构公开：

http：//www. chengcheng. gov. cn/gk/fdzdxxgk/czxx/czyjs/bmczyjs/78077. htm.

2020 年预算执行情况和 2021 年预算草案：

http：//www. chengcheng. gov. cn/gk/fdzdxxgk/czxx/czyjs/bmczyjs/72594. htm.

2020 年决算：

http：//www. chengcheng. gov. cn/gk/fdzdxxgk/czxx/czyjs/bmczyjs/76280. htm.

72. 渭南市蒲城县

机构公开：

http：//www. pucheng. gov. cn/gk/fdzdgknr/czxx/bmczyjs/128352. htm.

2020 年预算执行情况和 2021 年预算草案：

http：//www. pucheng. gov. cn/gk/fdzdgknr/gzlj/112668. htm.

2020 年决算：

无。

73. 渭南市大荔县

机构公开：

http：//www. dalisn. gov. cn/info/iIndex. jsp？ catalog_id = 24&cat_id = 24&cur_page = 4.

2020 年预算执行情况和 2021 年预算草案：

http：//www. dalisn. gov. cn/info/content. jsp？ tm_id = 76&info_id = 133515.

2020 年决算：

http：//www. dalisn. gov. cn/info/content. jsp？info_id=138055&tm_id=76.

74. 渭南市潼关县

机构公开：

http：//www. tongguan. gov. cn/info/content. jsp？info_id=70887&tm_id=138.

2020 年预算执行情况和 2021 年预算草案：

http：//www. tongguan. gov. cn/info/content. jsp？info_id=67409&tm_id=138.

2020 年决算：

http：//www. tongguan. gov. cn/info/content. jsp？info_id=70692&tm_id=138.

75. 渭南市华洲区

机构公开：

http：//zwgk. hzqu. gov. cn/info/38849.

2020 年预算执行情况和 2021 年预算草案：

http：//zwgk. hzqu. gov. cn/info/36266.

2020 年决算：

http：//zwgk. hzqu. gov. cn/info/37780.

76. 渭南市韩城市

机构公开：

http：//www. hancheng. gov. cn/gk/bmgk06/130385. htm.

2020 年预算执行情况和 2021 年预算草案：

http：//www. hancheng. gov. cn/info/content. jsp？info_id=121021&tm_id=216.

2020 年决算：

无。

77. 渭南市华阴市

机构公开：

http：//www.huayin.gov.cn/html/zwgk/zdml/czjs/zyjs/202112/52734.html.

2020年预算执行情况和2021年预算草案：

http：//www.huayin.gov.cn/html/zwgk/zdml/czjs/zyjs/202104/51309.html.

2020年决算：

http：//www.huayin.gov.cn/html/zwgk/zdml/czjs/zyjs/202112/52721.html.

78. 渭南市临渭区

机构公开：

http：//www.linwei.gov.cn/xxgk/cdxxgk/czxx/gjczyjs/bmys/149356.htm.

2020年预算执行情况和2021年预算草案：

http：//www.linwei.gov.cn/xxgk/jcxxgk/hzsyxsb/136502.htm.

2020年决算：

http：//czj.weinan.gov.cn/Index/read/id/8144.html.

79. 铜川市王益区

机构公开：

http：//www.tcwy.gov.cn/resources/site/151/html/zfxxgk/fdzdgknr/czxx/bmczjsjsgjfzc/2020n/index.html.

2020年预算执行情况和2021年预算草案：

http：//www.tcwy.gov.cn/resources/site/151/html/zfxxgk/fdzdgknr/czxx/qzfczyjs/202106/513753.html.

2020年决算：

http：//www.tcwy.gov.cn/resources/site/151/html/zfxxgk/fdzdgknr/czxx/qzfczyjs/202112/637723.html.

80. 铜川市印台区

机构公开：

http：//www.yintai.gov.cn/resources/site/152/html/ytgk/fdzdgknr/czxx/bmczys/2021nbmssdwczys/index.html.

2020年预算执行情况和2021年预算草案：

http：//www.yintai.gov.cn/resources/site/152/html/ytgk/fdzdgknr/czxx/qzfczyjs/202109/626637.html.

2020年决算：

http：//www.yintai.gov.cn/resources/site/152/html/ytgk/fdzdgknr/czxx/qzfczjs/202110/630720.html.

81. 铜川市耀州区

机构公开：

http：//www.yaozhou.gov.cn/resources/site/153/html/yzgk/fdzdgknr/czxx/bmczys/2019n/201902/460422.html.

2020年预算执行情况和2021年预算草案：

http：//www.yaozhou.gov.cn/resources/site/153/html/yzgk/fdzdgknr/czxx/qzfczyjs/202106/460637.html.

2020年决算：

http：//www.yaozhou.gov.cn/resources/site/153/html/yzgk/fdzdgknr/czxx/qzfczyjs/202112/462049.html.

82. 铜川市宜君县

机构公开：

http：//www.yijun.gov.cn/resources/site/154/html/xxgks/fdzdgknr/czzj/xzbmczyjsjsgjf/2020n/202111/634441.html.

2020年预算执行情况和2021年预算草案：

http：//www.yijun.gov.cn/resources/site/154/html/xxgks/fdzdgknr/czzj/zfczyjs/202108/569970.html.

2020年决算：

http：//www.yijun.gov.cn/resources/site/154/html/xxgks/fdzdgknr/

czzj/zfczyjs/202111/632915.html.

83．延安市宝塔区

机构公开：

http：//www.baotaqu.gov.cn/zfxxgk/fdzdgknr/czxx.htm.

2020年预算执行情况和2021年预算草案：

http：//www.baotaqu.gov.cn/info/2674/98697.htm.

2020年决算：

http：//www.baotaqu.gov.cn/info/2675/106682.htm.

84．延安市安塞区

机构公开：

http：//www.ansai.gov.cn/gk/czyjs/bmyjs/2021nys/99054.htm.

2020年预算执行情况和2021年预算草案：

http：//www.ansai.gov.cn/gk/czyjs/zfyjs/98838.htm.

2020年决算：

http：//www.ansai.gov.cn/info/iList.jsp？tm_id=57&info_id=100346.

85．延安市延长县

机构公开：

http：//www.yanchangxian.gov.cn/listn-xxgk.jsp？urltype=tree.TreeTempUrl&wbtreeid=1679.

2020年预算执行情况和2021年预算草案：

http：//www.yanchangxian.gov.cn/info/egovinfo/1001/content_o-vert/12610621698409763C/2021-0322002.htm.

2020年决算：

http：//www.yanchangxian.gov.cn/info/egovinfo/1001/content_o-vert/12610621698409763C/2021-1230001.htm.

86．延安市延川县

机构公开：

http：//www.yanchuan.gov.cn/list-1977.html#add.

2020年预算执行情况和2021年预算草案：

http：//www. yanchuan. gov. cn/3g/show. asp？d＝16038&m＝117.

2020 年决算：

http：//www. yanchuan. gov. cn/3g/show－117－16786. html.

87. 延安市子长县

机构公开：

http：//m. zichang. gov. cn/html/zwgk/czgk/czjs/bmysdf/erer/202204/24482. html.

2020 年预算执行情况和 2021 年预算草案：

http：//www. yanan. gov. cn/gk/czxx/czyjs/xq/451017. htm.

2020 年决算：

http：//m. zichang. gov. cn/html/zwgk/czgk/zfyjs/202110/22922. html.

88. 延安市志丹县

机构公开：

http：//www. zhidan. gov. cn/csGkInfo？catId＝10259&catName＝%E6%94%BF%E5%BA%9C%E4%BC%9A%E8%AE%AE.

2020 年预算执行情况和 2021 年预算草案：

http：//www. zhidan. gov. cn/csGkInfoDetail？infoId＝25231.

2020 年决算：

http：//www. zhidan. gov. cn/csGkInfoDetail？infoId＝25229.

89. 延安市吴起县

机构公开：http：//www. wqx. gov. cn/info/iList. jsp？cat_id＝10822.

2020 年预算执行情况和 2021 年预算草案：

http：//www. wqx. gov. cn/zwgk/czxx/zfyjs/38213. htm.

2020 年决算：http：//www. wqx. gov. cn/zwgk/fdzdgknr/czxx/zfyjs/42623. htm.

90. 延安市甘泉县

机构公开：

http：//www. ganquanxian. gov. cn/info/iList. jsp？tm_id＝54&cat_

id＝10063&action_type＝news_list.

2020 年预算执行情况和 2021 年预算草案：

http：//dl. yanan. gov. cn/gk/czxx/czyjs/xq/465160. htm.

2020 年决算：

http：//www. yanan. gov. cn/info/iList. jsp？tm_id＝191&id＝465161.

91. 延安市富县

机构公开：

http：//www. fuxian. gov. cn/zfxxgk/fdzdgknr/czxx/czyjs/a2020njsgk/a2020ndbmjsgkml. htm.

2020 年预算执行情况和 2021 年预算草案：

http：//www. fuxian. gov. cn/info/egovinfo/1001/xxgk_content/01607934-X-/2021-0326001. htm.

2020 年决算：

http：//www. fuxian. gov. cn/info/egovinfo/1001/xxgk_content/czj-04_A/2021-1222001. htm.

92. 延安市洛川县

机构公开：

http：//www. lcx. gov. cn/zwgk/fdzdgknr/bmxxgkml/1. html.

2020 年预算执行情况和 2021 年预算草案：

http：//www. lcx. gov. cn/zwgk/fdzdgknr/ysjs/zfys/eyys/1380340240833540098. html.

2020 年决算：

http：//www. lcx. gov. cn/zwgk/fdzdgknr/ysjs/zfjs/eljs/1442382248045170690. html.

93. 延安市宜川县

机构公开：

http：//www. ycx. gov. cn/info/iList. jsp？tm_id＝73&cat_id＝10062&action_type＝news_list.

2020 年预算执行情况和 2021 年预算草案：

http：//www.ycx.gov.cn/info/iList.jsp？info_id=39436&tm_id=74.

2020 年决算：

http：//www.ycx.gov.cn/info/iList.jsp？&tm_id=74&info_id=42679.

94. 延安市黄龙县

机构公开：

http：//www.hlx.gov.cn/zfxxgk/fdzdgknr/czxx/bmyjsml.htm.

2020 年预算执行情况和 2021 年预算草案：

http：//www.hlx.gov.cn/info/egovinfo/1001/xxgk_content/610631000/2021-00160.htm.

2020 年决算：

http：//www.yanan.gov.cn/info/iList.jsp？tm_id=191&id=459951.

95. 延安市黄陵县

机构公开：

http：//www.huangling.gov.cn/info/iList.jsp？node_id=GKflxx&cat_id=10459.

2020 年预算执行情况和 2021 年预算草案：

http：//www.huangling.gov.cn/gk/flxx/flxx/czxx/czsq/19569.htm.

2020 年决算：

http：//www.huangling.gov.cn/gk/flxx/flxx/czxx/czsq/21957.htm.

96. 榆林市榆阳区

机构公开：

http：//www.yuyang.gov.cn/.

县属企、事业单位：http：//www.yuyang.gov.cn/.

2020 年预算执行情况和 2021 年预算草案：

http：//www.yuyang.gov.cn/.

2020 年决算：

http：//www.yuyang.gov.cn/.

97. 榆林市横山区

机构公开：

http：//www.hszf.gov.cn/.

2020年预算执行情况和2021年预算草案：

http：//www.hszf.gov.cn/.

2020年决算：

http：//www.hszf.gov.cn/.

98. 榆林市神木市

机构公开：

http：//www.sxsm.gov.cn/.

2020年预算执行情况和2021年预算草案：

http：//www.sxsm.gov.cn/.

2020年决算：

http：//www.sxsm.gov.cn/.

99. 榆林市府谷县

机构公开：

http：//www.fg.gov.cn/.

2020年预算执行情况和2021年预算草案：

http：//www.fg.gov.cn/.

2020年决算：

http：//www.fg.gov.cn/.

100. 榆林市靖边县

机构公开：

http：//www.jingbian.gov.cn/.

2020年预算执行情况和2021年预算草案：

http：//www.jingbian.gov.cn/.

2020年决算：

http：//www.jingbian.gov.cn/.

101. 榆林市定边县

机构公开：

http：//www.dingbian.gov.cn/.

2020年预算执行情况和2021年预算草案：

http：//www. dingbian. gov. cn/.

2020年决算：

http：//www. dingbian. gov. cn/.

102. 榆林市绥德县

机构公开：

http：//www. sxsd. gov. cn/.

2020年预算执行情况和2021年预算草案：

http：//www. sxsd. gov. cn/.

2020年决算：

http：//www. sxsd. gov. cn/.

103. 榆林市米脂县

机构公开：

http：//www. mizhi. gov. cn/.

2020年预算执行情况和2021年预算草案：

http：//www. mizhi. gov. cn/.

2020年决算：

http：//www. mizhi. gov. cn/.

104. 榆林市佳县

机构公开：

http：//www. sxjiaxian. gov. cn/.

2020年预算执行情况和2021年预算草案：

http：//www. sxjiaxian. gov. cn/.

2020年决算：

http：//www. sxjiaxian. gov. cn/.

105. 榆林市吴堡县

机构公开：

http：//www. wubu. gov. cn/.

2020年预算执行情况和2021年预算草案：

http：//www.wubu.gov.cn/.

2020年决算：

http：//www.wubu.gov.cn/.

106. 榆林市清涧县

机构公开：

http：//qjzhf.gov.cn/.

2020年预算执行情况和2021年预算草案：

http：//qjzhf.gov.cn/.

2020年决算：

http：//qjzhf.gov.cn/.

107. 榆林市子洲县

机构公开：

https：//zizhou.gov.cn/.

2020年预算执行情况和2021年预算草案：

https：//zizhou.gov.cn/.

2020年决算：

https：//zizhou.gov.cn/.

参考文献

储德银、姜春娜:《财政透明与 FDI 区位选择》,《财经问题研究》2021 年第 7 期。

邓淑莲、刘潋滟:《财政透明度对地方政府债务风险的影响研究——基于政府间博弈视角》,《财经研究》2019 年第 12 期。

董必荣等:《政务信息化与地方政府预算资金使用效率》,《南京审计大学学报》2022 年第 1 期。

冯力沛:《财政透明空间引资效应的市级检验》,《经济与管理》2020 年第 6 期。

顾海、刘曦言:《互联网医疗信息外溢对健康人力资本的传导机制——基于劳动力微观数据的中介效应研究》,《河北经贸大学学报》2019 年第 6 期。

郭玲玲、王东辉:《财政透明度、政治关联与政府补助——基于反腐败背景的研究》,《财会通讯》2019 年第 15 期。

郝晓薇等:《财政透明度会提高居民纳税遵从意愿吗?》,《中国软科学》2022 年第 6 期。

胡春兰等:《正风反腐能够抑制政府行政成本规模膨胀吗?——基于党的十八大以来反腐建设的分析》,《公共治理研究》2022 年第 2 期。

扈文秀等:《信息披露质量影响公司风险承担:治理效应抑或声誉效应?》,《运筹与管理》2021 年第 7 期。

黄宏斌等:《基于流量效应的上市公司自媒体营销信息披露对经营绩效的影响》,《管理学报》2021 年第 2 期。

靳伟凤等：《财政透明度对地方政府债券定价影响研究——基于动态面板模型的经验实证》，《贵州财经大学学报》2022 年第 1 期。

李湛等：《财政透明度与居民幸福感》，《宏观经济研究》2019 年第 10 期。

梁城城、张淑娟：《非税收入规模、官员腐败与财政透明度——基于中国省级数据的实证研究》，《商业研究》2020 年第 4 期。

刘禾丰：《经济环境、政府审计与财政透明度的实证研究》，《经济研究导刊》2021 年第 30 期。

刘焕：《突发公共卫生事件中官方信源、信息交互与网络舆论压力的内生影响效应研究》，《情报杂志》2022 年第 10 期。

刘慧、綦建红：《"邻居"对中国企业出口生存的影响有多大——基于信息溢出的视角》，《财贸经济》2018 年第 8 期。

罗健：《媒体关注度、政府审计与财政透明度》，《财会通讯》2020 年第 17 期。

马海涛、王淑杰：《政府预算透明度指标体系研究——国际标准和中国特色》，《财经科学》2012 年第 4 期。

梅正午、孙玉栋：《财政透明度与公民社会公平感知》，《江汉学术》2020 年第 3 期。

牛奎馥：《财政透明度、财政分权与腐败》，《现代商贸工业》2019 年第 1 期。

清华大学：《2014—2022 年中国市级政府财政透明度研究报告》，清华大学公共管理学院网。

上官泽明等：《互联网发展、制度环境与财政透明度》，《财政研究》2020 年第 10 期。

上海财经大学公共政策研究中心：《2009 中国财政透明度报告》，上海财经大学出版社 2009 年版。

上海财经大学公共政策研究中心：《2010 中国财政透明度报告》，上海财经大学出版社 2010 年版。

上海财经大学公共政策研究中心：《2011 中国财政透明度报告》，上海财经大学出版社 2011 年版。

上海财经大学公共政策研究中心：《2012 中国财政透明度报告》，上海财经大学出版社 2012 年版。

上海财经大学公共政策研究中心：《2013 中国财政透明度报告》，上海财经大学出版社 2013 年版。

上海财经大学公共政策研究中心：《2014 中国财政透明度报告》，上海财经大学出版社 2014 年版。

上海财经大学公共政策研究中心：《2015 中国财政透明度报告》，上海财经大学出版社 2015 年版。

上海财经大学公共政策研究中心：《2016 中国财政透明度报告》，上海财经大学出版社 2016 年版。

上海财经大学公共政策研究中心：《2017 中国财政透明度报告》，上海财经大学出版社 2017 年版。

上海财经大学公共政策研究中心：《2018 中国财政透明度报告》，上海财经大学出版社 2018 年版。

申亮：《我国基层政府治理与财政透明度问题研究》，《经济研究参考》2018 年第 27 期。

孙振清、鲁思思：《政府信息透明与绿色全要素生产率的空间效应研究》，《统计与信息论坛》2020 年第 9 期。

汪兴东等：《农产品区域品牌负面信息溢出效应研究》，《商业研究》2013 年第 7 期。

王汇华：《政府会计、财政透明度与经济治理——基于中国省级面板数据的经验研究》，《中国软科学》2020 年第 3 期。

王少华等：《财政透明能助力企业"脱虚向实"吗？——基于稳预期和政企合作的视角》，《上海财经大学学报》2022 年第 2 期。

王艳：《国家审计如何提高地方政府财政透明度》，《中国内部审计》2021 年第 2 期。

王雍君：《全球视野中的财政透明度——中国的差距与努力方

向》,《国际经济评论》2003年第4期。

翁飞龙等:《互联网使用对专业苹果种植户农地转入的影响研究——基于信息搜寻、社会资本和信贷获得中介效应视角》,《中国土地科学》2021年第4期。

肖鹏、樊蓉:《地方财政透明度对财政预决算偏离度的影响分析》,《中央财经大学学报》2021年第3期。

肖鹏、樊蓉:《债务控制视角下的地方财政透明度研究——基于2009—2015年30个省级政府的实证分析》,《财政研究》2019年第7期。

肖鹏、阎川:《中国财政透明度提升的驱动因素与路径选择研究——基于28个省份面板数据的实证分析》,《经济社会体制比较》2013年第4期。

辛兵海等:《资源依赖、政府透明度和经济增长》,《经济与管理研究》2015年第10期。

邢文妍:《财政透明度对地方财政支出效率的影响分析》,《财经问题研究》2020年第11期。

许安拓、张驰:《市级财政透明度对财政教育资金使用效率的影响研究》,《中央财经大学学报》2021年第3期。

杨雅琴、郭茹:《地方财政透明度与财政效率提升》,《地方财政研究》2020年第1期。

杨翟婷、王金秀:《国家审计监督、财政透明度与地方预决算偏离》,《现代经济探讨》2020年第2期。

殷枫、张婧瑶:《大客户信息透明度对企业投资效率的影响研究——基于供应链信息溢出效应视角》,《会计之友》2022年第13期。

曾军平:《政府信息公开制度对财政透明度的影响及原因》,《财贸经济》2011年第3期。

张益赋:《从纳税投资角度浅议财政透明度》,《财会研究》2006年第2期。

张又文、洪海林:《新〈预算法实施条例〉对地方财政透明度的影响》,《财会月刊》2021年第15期。

周金飞、金洪飞:《财政信息、财政透明度和地方政府债务限额管理》,《科学决策》2018年第9期。

朱红根、姚莉萍:《信息来源对鄱阳湖区农户湿地功能认知及保护态度的影响效应分析》,《农林经济管理学报》2016年第3期。

朱颖等:《公众诉求与地方财政透明度——基于中国省级面板数据的经验分析》,《财经研究》2018年第11期。

A. Folsher, "Transparency and Participation in South Africa's Budget Process", The 9th International Anticorruption Conference, Durban, South Africa, October 10-15, 1999.

Alberto Alesina, et al., "Budget Institutions and Fiscal Performance in Latin America", *Journal of Development Economics*, Vol. 59 1999, pp. 253-273.

Andrei Shleife, "A Theory of Yardstick Competition", *The RAND Journal of Economics*, Vol. 16, No. 3, 1985, pp. 319-327.

Anne Case, "Interstate Tax Competition after TRA86", *Journal of Policy Analysis and Management*, No. 12, 1993, pp. 136-148.

Borja Gracia, et al., "Opening Up to Higher Sovereign Credit Ratings: The Practical Benefits of Fiscal Transparency", IMF Working Paper, forthcoming (Washington: International Monetary Fund), 2011.

Christopher J. Ellis and John Fender, "Corruption and Transparency in a Growth Model", *International Tax and Public Finance*, Vol. 13, 2003, pp. 115-149.

Elif Arbatli and Julio Escolano, "Fiscal Transparency, Fiscal Performance and Credit Rating", IMF Working Paper No. 12/156 (Washington: International Monetary Fund), 2012.

Farhan Hameed, "Fiscal Transparency and Economic Outcomes", IMF Working Paper 05/225, 2005.

G. M. Milesi-Ferretti, "Good, Bad or Ugly? On the Effects of Fiscal Rules with Creative Accounting", *Journal of Public Economics*, Vol. 88, 2004, pp. 377-394.

George Kopits and Jon Craig, "Transparency in Government Operations", IMF Occasional Paper 158, 1998.

J. P. Guerrero and H. Hofbauer. "Index of Budget Transparency in Five Latin American Countries: Argentina, Brazil, Chile, Mexico and Peru", Washington, DC, United States: Center on Budget and Policy Priorities, International Budget Project, 2001, http://www.internationalbudget.org/resources/1-10-02ibp-pr.htm.

James E. Alt and David D. Lassen, "Fiscal Transparency and Fiscal Policy Outcomes in OECD Countries", Economic Policy Research Unit Working Paper, No. 2003-2 (Paris: OECD), 2003.

Jarmuzek et al., "Fiscal Transparency in Transition Economies", *CASE Studies and Analyses*, No. 328, 2006.

Jürgen von Hagen and Ian Harden, "National Budget Processes and Fiscal Performance", *European Economy Reports and Studies*, Vol. 3, 1994, pp. 311-418.

Jürgen von Hagen, "Budgeting Procedures and Fiscal Performance in the European Community", EEC Economic Papers 96, 1992.

Maarten A. Allers, "Yardstick Competition, Fiscal Disparities, and Equalization", *Economics Letters*, Vol. 117, 2012, pp. 4-6.

Murray Petrie, "Promoting Fiscal Transparency: The Complementary Roles of the IMF, Financial Markets, and Civil Society", IMF Working Paper No. 03/199, 2003.

R. Gaston Gelos and Shang-Jin Wei, "Transparency and International Investor Behavior", IMF Working Paper 02/174 (Washington: International Monetary Fund), 2002.

R. Glennerster and Y. Shin, "Is Transparency Good for You and Can the IMF Help?" IMF Working Paper 03/132. Washington, DC, United States: International Monetary Fund, 2003.

R. Hemming and M. Kell, "Promoting Fiscal Responsibility: Transparency, Rules and Independent Fiscal Authorities", Fiscal Rules: Papers Presented at the Bank of Italy Workshop Held in Perugia, 1-3 February 2001.

R. S. Kulzick, "Sarbanes-Oxley: Effects on Financial Transparency", *Advanced Management Journal*, Vol. 69, No. 1, 2004, pp. 43-49.

Simeon Djankov, et al., "The New Comparative Economics", *Journal of Comparative Economics*, Vol. 31, No. 4, 2003, pp. 595-619.

Timothy Besley and M. Smart, "Fiscal Restraints and Voter Welfare", STICERD-Political Economy and Public Policy Paper Series, 2005.

Vito Tanzi, "Corruption around the World", IMF Staff Papers, Vol. 45, Dec. 1998, pp. 559-594.

W. Allan and T. Parry, "Fiscal Transparency in EU Accession Countries: Progress and Future Challenges", IMF Working Paper 03/163. Washington, DC, United States: International Monetary Fund, 2003.